세상에 대하여 우리가 더 잘 알아야 할 교양 30

지은이 | 옮긴이 | 감수자 소개

지은이 **존 블리스**

노스이스턴 일리노이 대학교에서 교수로 재직하며 극작과 화술을 가르치고 있습니다. 저서로는 《맞춤아기(Designer Babies)》《서부의 개척자(Pioneers to the West)》《레오와 보낸 시간(Time with Leo)》 등이 있습니다.

옮긴이 **이현정**

서강대학교에서 영어영문학과 심리학, 서울대학교 대학원에서 인지과학을 전공했습니다. 다양한 분야에 관심이 많아 미국에서 약학 전문대학원을 다니던 중 번역의 세계에 뛰어들어, 현재 전문번역가로 활동 중입니다. 주요 역서로는 《과연 제가 엄마 마음에 들 날이 올까요》《비타민 바이블》《여자의 마음을 치유하는 옷장 심리학》 등이 있습니다.

감수자 **오정수**

성균관대학교 유전공학과 교수입니다. 생식세포 및 초기배아의 발생에 대해 연구하고 있으며, 난자의 발생과 성숙에 관한 다수의 국제 논문을 발표하였습니다. 현재 한국발생생물학회 학술위원으로 활동 중입니다.

세 상에 대하여
우리가
더 잘 알아야 할
교양

존 블리스 글 | 이현정 옮김 | 오정수 감수

30

맞춤아기
누구의 권리일까?

내인생의책

차례

※ 본문의 **굵은 글씨**로 표시된 단어는 88페이지 용어 설명에서 찾아보세요

학교에 가기 싫은 날, 복제 인간을 만들어 나 대신 학교에 가는 상상을 해 본 적 있을 거예요. 복제 인간은 이제 상상 속의 이야기가 아닙니다. 1996년 영국에서 복제 양 돌리가 태어난 이래로 유전 공학 기술은 끊임없이 발전해 왔지요.

이 책의 주제인 '맞춤아기'도 발전된 유전 공학 기술의 산물입니다. 아픈 자녀와 같은 유전적 조건을 가진 배아를 만들어, 그 배아에서 채취한 줄기 세포로 형제를 치료하는 것이 맞춤아기의 원래 목적이었지요. 각종 질병으로 고통받는 아이를 둔 부모들에게 맞춤아기는 마른하늘의 단비처럼 희망의 한 자락이었습니다.

하지만 맞춤아기는 희망과 동시에 엄청난 사회적 논란을 가져왔습니다. 바로 유전적 조건을 선택한다는 점 때문이었지요. 많은 사람들이 맞춤아기 기술이 보편화된다면 태어나지도 않은 아이의 미래를 부모가 마음대로 결정하게 될 것이라고 비판했습니다.

과학 기술의 발전은 우리가 상상만 하던 많은 것들을 현실에서 가능케 합니다. 이십 년 전만 해도 아무도 맞춤아기를 상상조차 할 수 없었지요. 하지만 이러한 발전이 우리가 살고 있는 세상에 항상 긍정적인 결과를 가져다 줄지는 아무도 알 수 없습니다. 과학 기술은 우리에게 방법을 제시할 뿐, 답을 알려주지 않기 때문이지요.

이 책은 맞춤아기의 정의와 탄생 과정 그리고 바탕에 깔려있는 유전공학에 대해 친절히 알려 줍니다. 또한 맞춤아기를 바라보는 긍정적, 부정적 시각 모두를 제시하고 앞으로 우리가 더 나은 세상을 만들기 위해서 맞춤아기 기술을 어떻게 사용해야 할지 생각해 볼 기회를 제공합니다. 이 책을 통해 생명의 가치와 개인의 권리 그리고 과학 기술의 발전에 대해 생각해 볼 시간을 가지길 기대합니다.

성균관대학교 유전공학과 교수 **오정수**

영국의 자인 하시미라는 아이는 유전성 희귀 혈액 질환인 '탈라세미아'를 앓고 있었습니다. 혈액의 산소를 운반하는 주요 성분인 적혈구의 **헤모글로빈**이 선천적으로 부족한 병이었지요. 사망에 이를 수도 있는 무서운 질환인 탈라세미아에는 별다른 치료법이 없습니다. 오직 골수를 이식받아야만 살 수 있지요. 하지만 자인의 부모는 자인에게 이식할 골수를 찾을 수 없었어요.

결국 자인의 부모인 하시미 부부는 자인과 유전자가 비슷한 '맞춤아기'를 만들어서 자인에게 골수를 이식하기로 결정했어요. 즉, 체외 수정으로 여러 개의 **배아**를 만들고, 그중 원하는 조건을 가진 배아를 자궁에 이식한 다음, 그 배아의 탯줄에서 채취한 혈액으로 자인을 치료할 계획이었지요. 그래서 라지 부부는 영국 인간수정배아관리국에 맞춤아기를 만드는 일을 허락해 달라고 요청했습니다.

하지만 라지 부부의 소식이 세상에 알려지면서 엄청난 파장이 일어났습니다. 사람들은 라지 부부가 자인을 치료할 목적으로 맞춤아기를 만드는 것이 '예비용 부품'을 만드는 것과 다름없다며 비판했습니다. 사람들은 맞춤아기도 자인과 같은 소중한 생명체라고 이야기했지요. 그러자 자인의 부모는 아들이 죽는 것을 보고만 있을 수는 없다고 반박했어요. 결국 영국 정부는 라지 부부에게 맞춤아기를 만드는 것을 허가했습니다.

맞춤아기란 시험관 수정 기술을 이용해 질병 유전자가 없는 배아를 골라 탄생시킨 아기를 말합니다. 맞춤아기 기술은 아픈 자녀를 둔 사람들에게 '구세주'가 될 수 있어요. 맞춤아기의 건강한 줄기 세포로 아픈 자식을 치료할 수 있기 때문이지요.

사람들은 맞춤아기를 두고 격렬하게 논쟁합니다. 맞춤아기를 만드는 과정에서 배아의 유전자를 진단하는 점 때문이에요. 여러 개의 배아를 만든 뒤 부모가 원하는 조건에 맞지 않는 배아는 버려진다는 것이 문제

자인 하시미의 부모는 자인의 희귀성 혈액 질환을 낮게 할 치료용 맞춤아기를 낳으려고 했다.

지요. 배아를 생명체라고 여기는 사람들은 유전적 조건이 맞지 않는다고 해서 배아를 버리는 일은 한 생명을 죽이는 것과 같다고 주장하지요.

더 큰 문제는 맞춤아기 기술이 태어날 아이의 권리를 침해한다는 점입니다. 맞춤아기 기술이 질병과 관련된 문제뿐만 아니라 부모가 아이의 외모와 지능, 성향까지도 선택하는 것을 가능하게 만들기 때문이지요. 맞춤아기를 반대하는 사람들은 맞춤아기가 똑똑하고 완벽한 아이를 원하는 부모들의 과도한 욕망을 보여 주는 증거라고 말합니다.

하지만 맞춤아기를 찬성하는 사람들은 맞춤아기 기술이 많은 생명을 살릴 수 있기 때문에 꼭 필요하다고 주장합니다. 또, 태어날 아이의 유전적 조건을 선택하는 일은 부모, 개인의 자유라고 말하지요.

과학 기술은 가치 중립적입니다. 그래서 과학 기술 그 자체를 ‘좋은 기술이다, 혹은 나쁜 기술이다.’라고 평가할 수 없어요. 그 대신 사람들이 과학 기술을 어떻게 사용하느냐에 따라 기술의 옳고 그름이 결정되지요. 그렇다면 맞춤아기 기술을 어떻게 사용해야 할까요?

현재 맞춤아기 기술은 아직 미흡한 단계입니다. 하지만 가까운 미래에 우리가 쉽게 접할 수 있는 기술이 될 것입니다. 맞춤아기가 보편화되면 맞춤아기는 우리 사회의 새로운 논쟁거리로 떠오를 거예요. 그 전에 맞춤아기에 대해 자세히 알아보고, 앞으로 우리가 더 나은 세상을 만들기 위해 맞춤아기 기술을 어떻게 사용해야 할지 생각해 봐요.

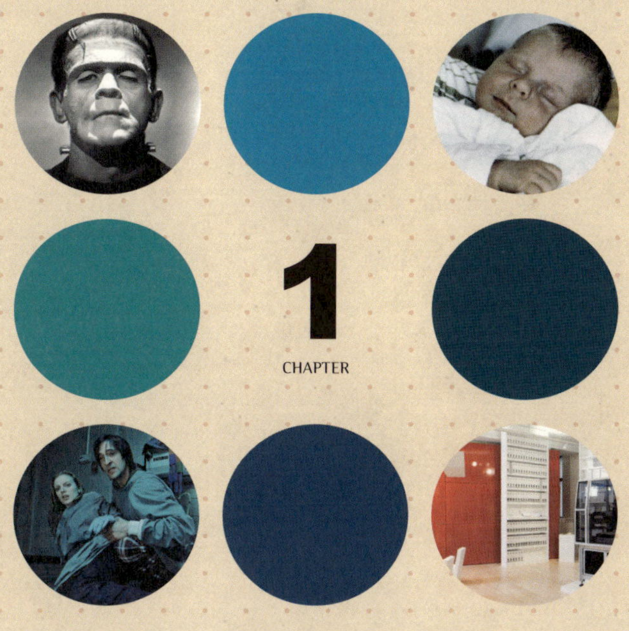

1

CHAPTER

맞춤아기란 무엇인가요?

맞춤아기란 시험관 수정 기술을 이용해 질병 유전자가 없는 배아를 골라 탄생시킨 아기를 말합니다. 맞춤아기의 건강한 줄기 세포로 아픈 형제를 치료할 수 있지요. 맞춤아기라는 고도의 과학 기술로 우리는 많은 이점을 얻을 수 있습니다. 하지만 이와 동시에 윤리적인 문제를 포함한 상당한 부작용이 염려되지요.

"살아났어! 살아났다고!"** 시체로 만든 괴물이 작업 대 위에서 살아 움직이기 시작하는 모습을 보고 프랑켄슈타인 박사가 기뻐하며 내뱉은 말입니다. 박사는 모두가 잠든 한밤중에 여기저기 무덤을 파헤쳤습니다. 그렇게 해서 찾은 여러 구의 시체를 꿰매 프랑켄슈타인이라는 괴물의 몸을 만들었지요. 그

1931년에 제작된 영화 〈프랑켄슈타인〉에서 배우 보리스 칼로프는 프랑켄슈타인 박사가 만든 괴물을 연기했다. 훌륭한 그의 괴물 연기 덕분에 그가 선보인 괴물은 이후에 등장한 〈프랑켄슈타인〉 속 괴물 배역의 기준이 되었다.

런 다음 괴물의 두개골 안에 두뇌를 넣고 강한 전기 충격을 주어 살아 움직이게 만드는 실험을 했습니다. 폭풍우가 내리던 날, 괴물은 번개의 전기를 받아들여 마침내 살아 움직이게 되지요.

《프랑켄슈타인》, 《영 프랑켄슈타인》 같은 공상 과학 소설이나 영화에서나 볼 수 있었던 새로운 생명체를 만드는 일은 이제 허구 속 이야기가 아닙니다. 왜냐하면 '맞춤아기'가 현실화되기 바로 직전의 단계에 있기 때문이지요.

맞춤아기

맞춤아기라는 단어를 떠올리면 과학 기술을 통해 부모가 원하는 대로 제작된 아이가 생각날지도 몰라요. 하지만 실제 맞춤아기는 상상과 좀 다릅니다.

맞춤아기란 시험관 수정 기술을 이용해 질병 유전자가 없는 배아를 골라 탄생시킨 아기를 말합니다. 맞춤아기의 건강한 줄기 세포로 아픈 형제를 치료할 수 있지요. 맞춤아기라는 고도의 과학 기술로 우리는 많은 이점을 얻을 수 있습니다. 하지만 이와 동시에 윤리적인 문제를 포함한 상당한 부작용이 염려되지요.

인류의 역사에서 아이를 가지는 것은 부모가 선택할 수 없는 영역의 문제인 경우가 대부분이었습니다. 남성과 여성이 만나 관계를 맺고 그 결과로 새로운 생명체가 탄생합니다. 결혼을 할 때 2세를 생각하며 배우자를 선택할 수는 있지만, 사실 어떠한 아이가 태어날지는 아무도 알 수 없지요.

부모들은 대개 아이가 건강하기만 하다면 외모는 상관없다고 말합니다. 태어날 2세에 관해 부모 스스로의 힘으로 할 수 있는 부분이 거의 없기 때문이에요. 하지만 마음속으로는 '내 아이는 이러했으면……' 하고 바라는 것이 있을 수도 있겠지요. 예를 들어 아이와 함께 취미 활동을 하고 싶어 할 수도 있고, 눈은 엄마를 닮고 볼은 아빠를 닮으면 좋겠다거나, 머리카락은 아빠를 닮고 성격은 엄마를 닮으면 좋겠다는 생각을 할 수 있어요. 맞춤아기는 이러한 부모들의 꿈을 실현시켜 줄 기술이 될 것입니다.

유전학의 발달로 예전보다는 자녀들이 물려받을 **형질** 또는 외모에 관해 부모들이 할 수 있는 일이 많아지기는 했습니다. 요즘은 여러가지 검사로 아기가 태어나기 전에 선천적인 출혈성 질환인 **혈우병**이나 **염색체** 이상 질환인 **다운 증후군** 등을 알아낼 수 있어요. 심지어 부모들에게 2세의 성별을 선택하도록 하는 불임 클리닉도 있습니다.

맞춤아기를 향한 현대 과학

50년 전만 해도, 인간을 만든다는 생각은 공상 과학 영화에서나 가능한 일이었습니다. 1932년, 올더스 헉슬리는《멋진 신세계》에서 새로운 생명을 만드는 생명 공장을 묘사했습니다. 모든 아이가 공장에서 태어나지요. 물론 헉슬리의 상상과 현실 간 거리가 멀긴 해도, 생명의 탄생과 관련한 최근의 과학 기술을 보면 그의 상상이 아주 틀린 것 같지는 않습니다.

1978년 영국에서 루이스 브라운이라는 아기가 태어났습니다. 평범한 아기로 보이는 루이스는 사실 보통 아기와는 완전히 다른 방법으로

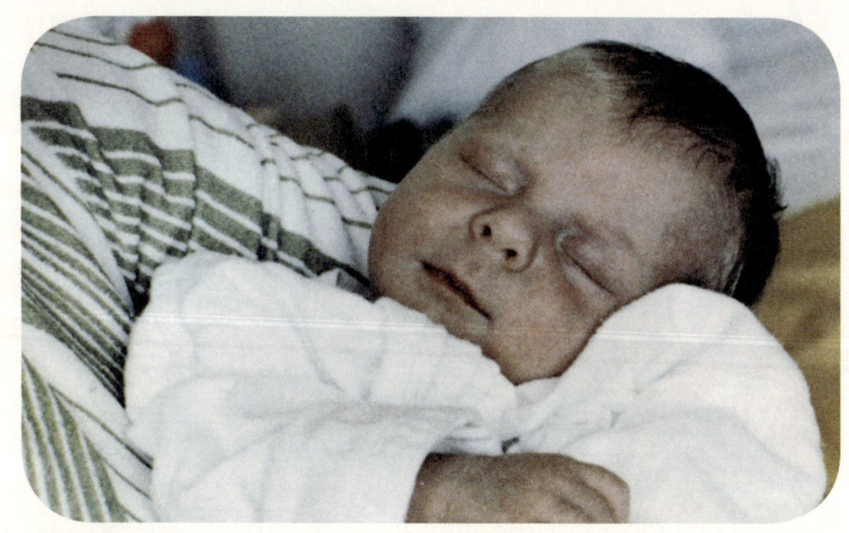

▌ 1978년에 '최초의 시험관 아기' 루이스 브라운이 전 세계 매체의 헤드라인을 장식했다.

태어났답니다. 보통은 난자와 정자가 어머니의 **나팔관**에서 자연적으로 만나 **수정란**이 되고, 이 수정란이 자궁으로 이동해서 배아가 됩니다. 배아는 배 속에서 열 달 동안 자라 세상으로 나오지요. 하지만 루이스는 그렇게 태어나지 않았습니다.

루이스는 난자를 몸 밖으로 채취하고 시험관에서 정자와 수정을 시켜 만든 배아가 자라 태어난 아기입니다. 루이스는 최초의 시험관 아기였지요. 성공적으로 아기가 태어자 세계의 많은 언론들은 앞다퉈 루이스의 탄생을 보도했습니다.

루이스 브라운을 탄생시킨 기술을 체외 수정(IVF, in vitro fertilization)이라고 합니다. 인류 최초로 체외 수정으로 아기가 태어난 뒤 많은 세월

이 흘렀습니다. 그동안 과학도 크게 발전했지요. 체외 수정 기술은 오늘날 전 세계 불임 클리닉에서 아이를 갖고 싶어 하는 부모를 돕는 방법으로 널리 사용되고 있습니다.

인간 게놈 지도

사람은 수많은 세포들로 이루어져 있습니다. 각각의 세포에는 핵이 있지요. 그리고 이 핵 속에는 그 사람의 모든 정보가 저장된 'DNA(Deoxyribo Nucleic Acid)'라는 분자가 들어 있어요. DNA는 부모가 자식에게 물려주는 특징인 유전자로 구성되어 있습니다. 그리고 이 DNA들이 모여서 염색체가 되지요. 유전자와 염색체는 모든 생명체의 기본 구성 요소입니다. 사람은 어머니와 아버지에게서 각각 23개씩 받

인간의 게놈은 너무 방대하여 인쇄를 할 경우에는 100권이 넘는 분량이 된다.

2010년, 유전 공학자 부부를 주인공으로 한 공포 영화 〈스플라이스〉에서 이들은 인간과 동물의 DNA를 결합해서 새로운 형태의 생명체를 만든다. 영화 속 부부의 실험은 아주 충격적인 결말로 이어진다.

은 46개의 염색체를 가지고 있지요.

2003년, 제임스 왓슨과 여러 나라의 과학자들로 구성된 공동 연구팀이 인간 게놈(Genome) 지도를 완성했습니다. 게놈이란 한 생물의 모든 유전 정보를 의미합니다. 인간 게놈 지도는 46개 염색체에 저장된 인간의 몸을 구성하고 있는 모든 유전자 정보를 총체적으로 나타낸 것이지요. 인간 게놈 지도의 완성으로 **유전 질환**을 일으키는 특정한 유전자를 바꿔서 병을 치료하는 유전자 치료법도 발전했습니다. 또한 과학자들은 맞춤아기의 구체적인 신체적 형질을 고르는 데 필요한 정보를 알게 되었지요.

　신체적 특징이 한 세대에서 다음 세대로 전승되는 방법을 연구하는 학문을 '유전학'이라고 합니다. 유전학은 단순히 유전자의 존재를 확인하는 것에서 그치지 않았습니다. 오늘날 유전 공학자들은 다양한 동식물의 유전자를 조작해 새로운 생명을 탄생시키는 연구를 계속하고 있습니다.

　공상 과학 소설에서는 유전학을 무시무시하게 그리는 경우가 많습니다. 유전학이 자연의 법칙을 거스르고 프랑켄슈타인 같은 괴물을 만들 것이라고 우려하지요. 하지만 반대로 생각하는 의사와 전문가, 부모들도 있습니다. 그들은 유전학이 병을 치료하고 인류를 발전시킬 거라고 생각하지요.

전문가 의견

조만간 태어날 아기의 성별을 100퍼센트 결정할 수 있으며 눈 색깔은 80퍼센트의 정확성으로 결정할 수 있게 될 것이다.

— 제프리 스타인버그 미국의 인공 수정 전문의

간추려 보기

- 맞춤아기란 시험관 수정 기술을 이용해 질병 유전자가 없는 배아를 골라 탄생시킨 아기로, 맞춤아기의 건강한 줄기 세포를 이용해 아픈 형제를 치료할 수 있다.
- 현재 맞춤아기는 치료 목적에서 사용되고 있지만 유전학의 꾸준한 발전으로 성별을 비롯한 부모가 원하는 신체적 특징을 가진 아이를 탄생시키는 데 사용될 수 있다.

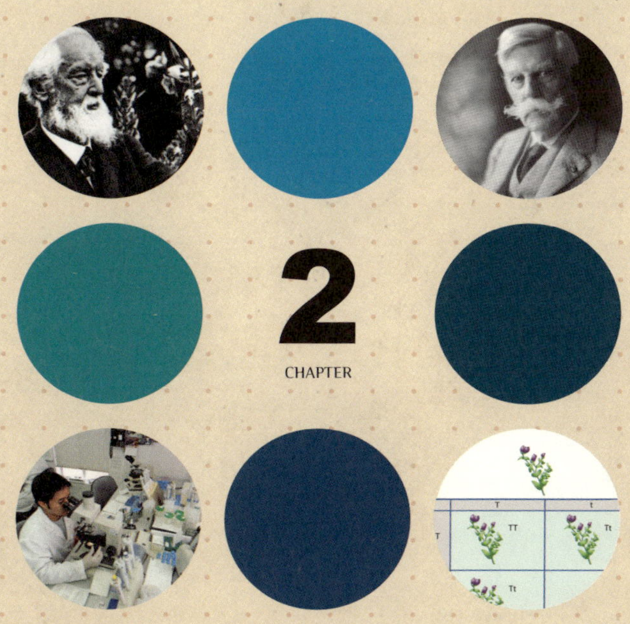

유전학의 발전

맞춤아기는 어느 날 갑자기 등장한 개념이 아닙니다. 이미 오래전부터 농부들은 수천 년에 걸쳐서 우수한 품종의 가축이나 농작물을 만들기 위해 다양한 방법을 연구했습니다. 서로 다른 식물이나 동물을 교배시켜 다른 종을 만들기도 했습니다.

맞춤아기를 탄생시키는 과정은 매우 복잡합니다. 그러나 이면에 숨겨진 과학 원리는 아주 간단하지요. 우리 몸의 세포 안에는 염색체가 있습니다. 각 염색체에는 여러 가지 유전자가 들어있어요. 바로 이 유전자에 따라서 사람의 키나 머리 색깔 같은 신체 특징이 결정됩니다. 염색체를 통해 모든 신체적 특징을 비롯해 일부분이기는 하지만 우리의 정신적 특징까지도 알

알아두기

이 책에서는 '맞춤아기'라는 용어가 자주 등장한다. 그러나 많은 전문가들은 이 용어가 바람직하지 않다고 지적한다. 그들은 아기가 어떻게 탄생하든 부모의 눈에는 과학의 힘을 전혀 빌리지 않고 자연 임신으로 생긴 아기와 똑같이 사랑스럽기 마련이라고 주장한다. 저널리스트들이 상업적인 목적으로 자극적인 제목이나 객관적이지 않은 자료를 사용하는 등 사람들의 불안감을 이용한다는 것이다. 이에 저널리스트들은 의미를 쉽게 전달하기 위해 맞춤아기라는 단어를 사용할 뿐이라며 강하게 반발했다. 용어에 대한 팽팽한 논란이 있기는 하지만 맞춤아기라는 말 자체는 현재 널리 사용되고 있다.

수 있지요.

아기는 난자와 정자에게 염색체를 받습니다. 부모에게 받은 각각의 염색체는 복제기에 하나로 합쳐집니다. 이때 키나 머리 색깔 등 부모가 원하는 특징을 가진 유전자가 합쳐지도록 하는 것이 유전학자들의 목표입니다.

원하는 형질 선택하기

맞춤아기는 어느 날 갑자기 등장한 개념이 아닙니다. 이미 오래전부터 농부들은 수 천 년에 걸쳐서 우수한 품종의 가축이나 농작물을 만들기 위해 다양한 방법을 연구했습니다. 서로 다른 식물이나 동물을 교배시켜 다른 **종**을 만들기도 했습니다. 예를 들어 노새는 말과 당나귀를 잡종 교배시켜 나온 새끼지요. 곡식을 서로 다른 종끼리 수분시키는 '교잡 수분'을 하는 농부들도 많았습니다.

벅 대 벨 소송 사건

멘델의 유전 실험이 토대가 되어 유전학은 빠르게 발전했습니다. 하지만 유전학의 발전 때문에 **우생학**이라는 비극이 탄생했다며 비판하는 사람들도 생겨났지요. 우생학은 19세기 후반에 처음 등장했습니다. 우생학자들은 우월한 유전자를 인위적으로 교배하여 인류를 개량해야 한다고 주장했습니다.

우생학은 찰스 다윈이 내놓은 '자연 선택설'에서 시작되었습니다. 자연 선택설이란 자연의 생존 경쟁에 적합한 유전자만 살아남고 그렇지

　유전학의 아버지라고 불리는 그레고르 멘델은 오스트리아 수도사였다. 멘델은 1850년대에 크기나 색깔 같은 겉모습 형질이 다음 세대로 전달되는 원리를 알아내려고 완두콩을 연구했다. 멘델은 우선 키 큰 완두콩과 키 작은 완두콩을 교배시켰다. 그러자 키 큰 완두콩이 나왔다. 이렇게 새로 나온 키 큰 완두콩끼리 교배를 하자 키 큰 완두콩과 키 작은 완두콩이 함께 나왔다. 멘델은 교배 실험을 계속하여 키 큰 완두콩과 키 작은 완두콩의 비율이 3 대 1로 나온다는 사실을 알았다. 그리고 완두콩 안에 있는 유전자가 다음 세대 완두콩에 특정한 수학적인 법칙에 따라 전달된다는 사실을 깨달았다. 멘델의 실험은 생물학과 유전학의 토대가 되었다.

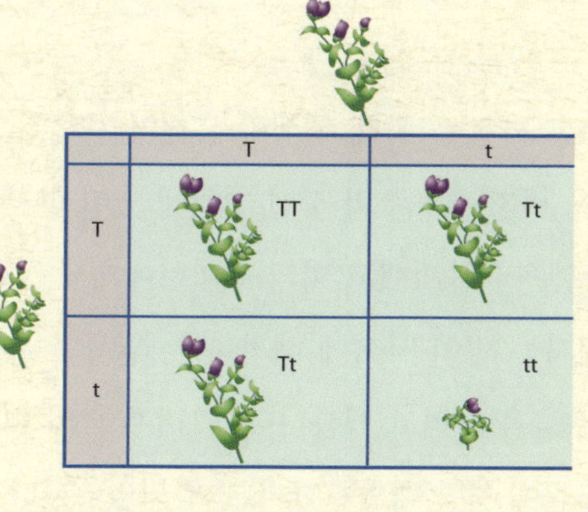

이 도표를 보면 교배를 통한 완두콩의 유전자 결합방식을 알 수 있다. 키 큰 완두콩과(T) 키 작은 완두콩(t)을 교배하면 키 큰 완두콩이 나온다. 키 작은 완두콩이 나오는 경우는 키 작은 완두콩(tt)끼리 교배했을 때뿐이다.

못한 유전자는 시간이 흐르면서 사라지게 된다는 이론이지요. 영국의 과학자이자 다윈의 사촌인 프랜시스 골턴은 이 개념에 우생학이라는 이름을 붙이고 학문으로 발전시켰습니다.

20세기 초반, 우생학은 전 세계에서 선풍적인 인기를 끌었습니다. '좋은 유전자'를 가졌다고 여겨지는 사람들끼리 결혼하여 아기를 많이 낳도록 권장하는 '적극적 우생학'이 사회 정책으로 채택되었지요. 그래서 당시에는 '우수 유전자 아기' 또는 '우수 유전자 가족' 선발 대회가 열리기도 했답니다. 이 대회에서는 몸이 튼튼하고 청결한 아기나 가족에게 상을 수여했어요.

'소극적 우생학'도 유행했습니다. 소극적 우생학이란 '나쁜 유전자'를 가졌다고 여겨지는 사람들이 아기를 못 낳도록 불임 수술을 권장하는 것입니다. 독일의 나치 정권은 소극적 우생학의 왜곡된 논리를 국가 정책에 반영하여 엄청난 비극을 낳았습니다. 인종이나 성적 취향이 '열등'하다는 이유를 붙여서 유대인과 동성애자 수백만 명을 학살하는 만행을 저질렀던 것입니다.

미국에서는 '벅 대 벨 소송 사건'을 통해 우생학 문제가 사회적으로 논란이 되었습니다. 캐리 벅은 버지니아 주의 정신 병원에 있던 환자였습니다. 벅은 정신 연령이 9살 수준에 불과했고 벅의 어머니에게도 정신 장애가 있었지요. 벅의 담당 의사는 벅이 사회에 해가 되는 열등한 유전자를 갖고 있다며 강제로 불임 수술을 하려고 했습니다. 그러자 벅의 어머니가 소송을 하여 결국 1927년 5월에 연방 대법원까지 가게 되었습니다.

대법원은 8 대 1의 투표 결과로 캐리 벅에게 불임 수술을 명했습니다. 당시 불임 수술 판결을 내린 담당 판사는 올리버 웬델 홈스 2세였습니다. 그는 역사에 남을 명판결을 많이 내려 사람들로부터 많은 존경을 받는 판사였어요. 하지만 이 사건만큼은 그의 판결이 틀렸다고 생각한 사람이 많았지요.

판결을 내릴 당시 홈스 판사는 이렇게 말했습니다. "열등한 유전자를 가진 사람이 낳은 자식은 범죄를 저지르거나, 지적 능력이 떨어져 굶어 죽을 수도 있습니다. 그러므로 차라리 누가 봐도 열등한 경우, 그런 사람이 대를 이어 태어나는 것을 막기 위해 불임 수술을 하게 하는 것이 사회 전체를 위해 낫습니다." 즉 나쁜 유전자를 가진 사람이 열등한 아이를 출산하게 내버려 두는 것보다는 불임 수술을 받게 하는 것이 낫다

벅 대 벨 소송 사건 당시의 홈스 판사다. 홈스 판사의 판결은 그가 유전학을 진정으로 이해하지 못했다는 것을 보여 준다.

는 뜻이었지요.

　제2차 세계 대전이 끝나면서 우생학의 인기는 시들해졌습니다. 1942년에 미 연방 대법원은 범죄자에게 불임 수술을 시키는 법을 폐지했습니다. 우생학을 현실에 적용했던 정책들도 대부분 막을 내렸지요. 하지만 버지니아 주는 우생학에 기반한 정책들을 계속 합법으로 인정했고 1974년에 이르러서야 폐지했습니다.

유전학의 발전 과정

연도	내용
1953년	프랜시스 크릭과 제임스 왓슨이 DNA의 구조를 밝힘
1957년	아서 콘버그가 시험관 내에서 DNA 복제를 성공함
1978년	체외 수정 시술로 루이스 브라운 탄생
1984년	배아 성별 감별법 개발
1990년	여러 나라의 과학자들로 구성된 공동 연구팀이 인간 게놈 지도 연구 시작
1990년	최초로 환자에게 유전자 치료 실시
1991년	영국 인간수정배아관리국(HEFAR) 설립
1994년	미국 FDA가 최초의 유전자 조작 토마토인 플레브 세이브 승인
1997년	'복제 양 돌리'의 탄생
2003년	인간 게놈 지도 완성
2009년	불임 연구소가 머리카락과 눈 색깔 및 피부 색깔을 선택하는 배아 선별 계획 발표
2010년	시험관 아기를 탄생시킨 공로로 로버트 에드워즈 박사가 노벨상 수상

- 유전학은 맞춤아기를 탄생시키는 데 기초가 되는 학문으로, 그레고르 멘델의 완두콩 실험 이래로 꾸준히 발전해 왔다.
- 유전학의 발전으로 우생학이 등장했는데, 우생학은 그릇되게 사용되어 '벅 대 벨 소송 사건'과 같은 사회적 문제를 초래했다.

3

맞춤아기는
어떻게 만들어질까요?

'시험관 아기'라는 말을 들어 본 적 있나요? 시험관 아기는 사실 시험관에서 자란 아기가 아닙니다. 시험관에서 '수정란'이 된 아기지요. 시험관 아기를 만들기 위해 난자와 정자를 수정시켜 배아를 만드는 일을 '체외 수정'이라고 합니다. 체외 수정 기술이 없으면, 맞춤아기가 태어날 수 없어요.

'시험관 아기'라는 말을 들어 본 적 있나요? 시험관 아기는 사실 시험관에서 자란 아기가 아닙니다. 시험관에서 수정란이 된 아기지요. 시험관 아기를 만들기 위해 난자와 정자를 수정시켜 배아를 만드는 일을 '체외 수정'이라고 합니다. 체외 수정 기술이 없으면, 맞춤아기가 태어날 수 없어요.

체외 수정

현재 특정한 유전적 형질을 선택해 아이를 탄생시키려면 체외 수정 기술을 이용하는 방법밖에 없습니다. 하지만 우리가 배아의 유전자를 직접 조작할 수는 없어요. 많은 난자를 수정시켜 만들어진 여러 개의 배아가 원하는 형질을 갖고 있는지를 검사하고, 그중 원하는 형질이 있는 배아를 골라 자궁에 이식해야 하지요. 이 검사를 착상 전 유전자 진단(PGD, Preimplantation Genetic Diagnosis)이라고 합니다.

　　체외 수정에서는 난자가 자궁 밖에서 수정됩니다. 체외 수정을 뜻하는 단어 'in vitro fertilization'에서 라틴어 '인 비트로(in vitro)'는 '유리 기구 안'을 의미해요. 체외 수정으로 태어난 아이는 '시험관 아기'라고도 불려요. 그러나 사실 배아는 시험관에서 만들어지지도, 시험관에서 자라지도 않습니다. 일반적으로 난자를 수정시킬 때는 둥글넓적한 **페트리 접시**나 성장 촉진 물질이 들어 있는 다른 실험 기구를 사용합니다. 성장을 촉진시키는 물질을 보통 배양 조직이라고 해요.

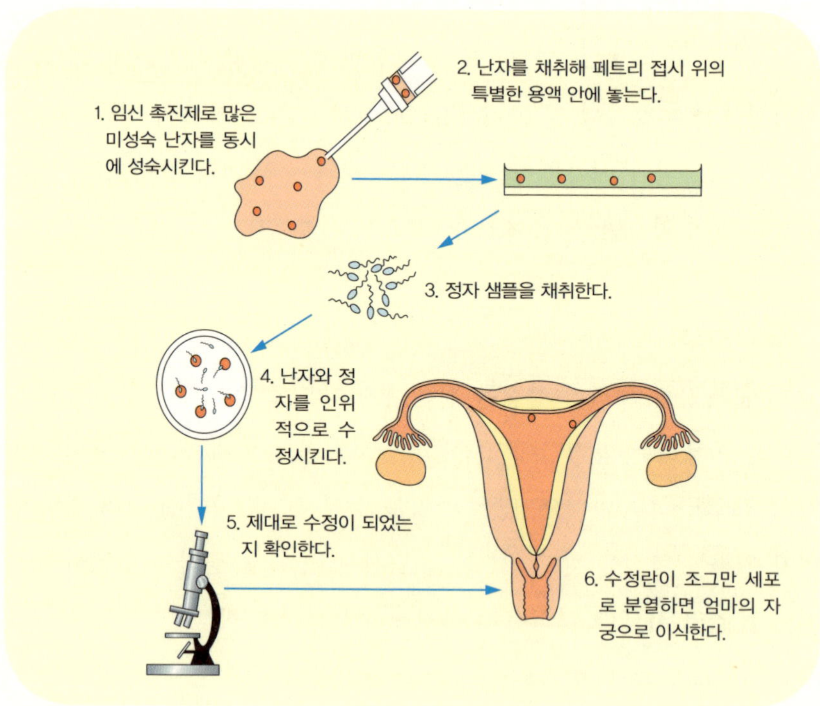

▌ 체외 수정을 할 때는 실험실 인큐베이터에서 수정란을 배양시킨 뒤 자궁으로 이식한다.

 ## 루이스 브라운

　루이스 브라운은 태어날 때부터 유명한 아기였다. 체외 수정을 통해 태어난 세계 최초의 아기이기 때문이다.

　루이스는 1978년 7월 25일에 아버지 존 브라운과 어머니 레슬리 브라운 사이에서 태어났다. 브라운 부부는 9년 동안이나 아이를 가지려고 노력했지만 아기를 가질 수 없었다. 아내의 나팔관이 막혀서 난자가 자궁 속으로 들어가지 못하기 때문이었다. 1976년, 부부는 패트릭 스텝토와 로버트 에드워즈 박사 팀을 찾아갔고 당시에는 실험적이었던 체외 수정 시술을 받게 되었다.

　루이스는 태어나자마자 카메라 세례를 받았다. 모든 사람이 현대 의학의 기적으로 탄생한 이 아기를 보고 싶어 했다. 그 이후에도 루이스는 대중들의 관심을 받으며 매체에 종종 오르내렸다.

　루이스는 세상에 아주 잘 적응하며 자랐다. 부모는 그녀가 평범한 삶을 살 수 있도록 하기 위해 애썼다. 그리고 마침내 루이스는 결혼을 하여 한 남자의 아내가 되었고 아이를 출산하면서 엄마가 되었다.

루이스 브라운은 체외 수정으로 태어난 세계 최초의 아기였다. 2006년, 그녀는 자연 임신으로 남자아이를 출산했다.

체외 수정으로 만들어진 배아가 모두 아기로 탄생하는 것은 아닙니다. 자궁으로 옮겨진 배아 중에서 세상의 빛을 보는 것은 절반도 되지 않아요. 그렇지만 일단 배아가 자궁에 착상되면 쌍둥이를 낳을 가능성이 높습니다. 그 이유는 여러 가지입니다. 자연 임신을 하면 대개 수정란 하나만 자궁에서 자랍니다. 하지만 체외 수정의 경우 성공률을 높이기 위해 여러 개의 배아를 이식하기 때문에 쌍둥이로 자랄 수 있지요. 또, 체외 수정을 받는 여성의 난자를 성숙시키기 위해 **임신 촉진제**를 투여하는 경우가 많기 때문이기도 합니다.

내가 체외 수정을 통해서 태어났다면 어떤 기분이 들까? 자신에 대한 생각이 달라질까? 그 이유는 무엇일까?

체외 수정의 윤리적 문제

2009년 1월 나디아 술만이라는 여성이 여덟 쌍둥이를 출산하여 세계의 이목을 끌었습니다. 언론은 술만에게 라틴어로 '8'을 뜻하는 '옥토(Octo)'와 영어로 엄마를 뜻하는 '맘(Mom)'을 합쳐서 '옥토맘'이라는 애칭을 붙여 주었습니다.

술만이 한 번에 여덟 쌍둥이를 출산하게 된 것은 체외 수정 때문이었습니다. 모든 배아가 태아로 건강하게 자라기는 힘들기 때문에, 체외 수정을 할 때는 하나 이상의 배아를 이식하는 경우가 많습니다. 그런데 나중에 밝혀진 바에 따르면 슐만은 이미 체외 수정으로 자녀를 여섯 명이나 둔 상태였습니다. 게다가 체외 수정 시술을 받을 당시 슐만의 나이는 33세였는데, 미국의 산부인과 지침에는 35세 이하 여성의 경우 3개 이상의 배아를 이식받아서는 안 된다고 되어 있어서 더 큰 논란이 되었지요. 사람들은 규칙을 어긴 담당 의사를 비판했습니다. 이듬해 8월, 담당 의사는 미국생식의학회(ASRM, American Society for Reproductive Medicine)에서 제명당했습니다.

논란이 거세지자 슐만은 이식받은 배아들이 이전에 받았던 시술에서 남은 배아라고 주장했습니다. 또한 원래는 배아 여섯 개를 이식했는데, 그중 두 개가 나중에 분열해서 쌍둥이 두 쌍이 생겼다고 주장했어요. 그러나 이 두 주장은 모두 거짓으로 드러났습니다.

슐만은 이미 아이가 여섯 명이나 있었습니다. 게다가 직업도, 육아를 함께 할 남편도 없다는 것이 밝혀졌습니다. 사람들은 슐만과 담당 의사 모두 무책임하다고 비난했지요.

나디아 슐만 사건으로 시험관 아기를 둘러싼 윤리적 문제가 대두되었습니다. 체외 수정을 할 때는 배아를 여러 개 이식하기 때문에 둘 이상의 쌍둥이가 태어나는 경우가 종종 발생합니다. 그럴 경우 어머니의 신체에도 무리가 가고 가족의 경제적 부담도 가중되지요.

체외 수정 실험을 할 때, 생존 가능한 배아를 하나 이상 만들기 위해서 난자 여러 개를 수정시킵니다. 그중 엄마의 자궁에 이식하고 남은 배아는 폐기되기도 합니다. 난자와 정자가 만나 수정이 되는 순간부터 생

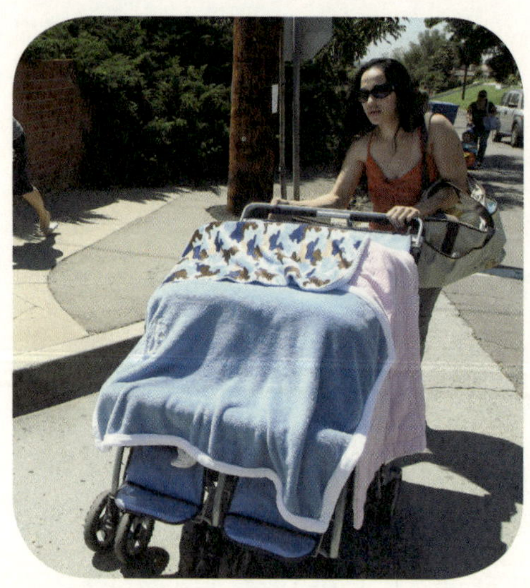

나디아 슐만이 체외 수정으로 여러 명의 아기를 출산하면서 체외 수정을 둘러싼 윤리적 문제가 사회에 크게 대두되었다.

명이 시작된다고 믿는 사람들은 폐기된 배아 역시 생명이라고 생각하기 때문에 이를 살인이라고 비판하지요.

또 잉여 배아를 폐기하지 않고 다음 시술에 사용하기 위해 냉동시킬 때도 문제가 발생합니다. 체외 수정을 반대하는 사람들은 남은 배아를 냉동하는 것과 배아를 폐기하는 것이 큰 차이가 없다고 말합니다. 게다가 냉동된 배아의 소유주가 난자의 주인인가, 아니면 의사인가에 관한 논쟁도 발생하지요.

체외 수정의 결과로 둘 이상의 태아를 동시에 임신하는 다태 임신의 경우 남은 태아를 인위적으로 없애기도 하는데 이를 '선택적 감수술'이라고 말합니다. 시험관 아기를 반대하는 사람들은 선택적 감수술이 낙태와 똑같으며 살인과 다름없다고 비판의 목소리를 높이지요.

　지금까지 체외 수정으로 태어난 아이들의 수는 약 400만 명에 달한다. 그중 많은 아이가 성장하여 어른이 되었으며 아이를 둔 부모가 되었다. 체외 수정 기술이 이렇게 성공하고 새로운 의학 분야가 탄생하게 된 것은 로버트 박사 덕분이다. 그의 업적은 현대 의학의 이정표다.

– 노벨 위원회

시험관 아기를 탄생시킨 과학자 로버트 에드워즈에게 노벨생리의학상을 시상하며 한 연설

　수정된 배아는 운이 좋을 경우 자궁에 이식되지만 대부분은 버려져 죽을 가능성이 많다. 새로운 노벨상 수상자 로버트 에드워즈가 책임져야 할 문제다.

– 이그나시오 카라스코 데 파울라 교황청 대변인

착상 전 유전자 진단

　착상 전 유전자 진단은 맞춤아기를 만들 때 꼭 필요한 과정입니다. 착상 전 유전자 진단이란 체외 수정으로 만들어진 배아를 자궁에 이식하기 전에 이상이 있나 없나 검사하는 기술이에요. 이 기술로 배아에 근육 퇴행증, 다운 증후군이나 혈우병같이 유전자 문제로 생긴 질환이 있는지 미리 알 수 있지요.

　정자와 난자가 결합해 수정란이 되면 세포 분열이 일어납니다. 수정란이 2개, 4개로 분할된 시기를 거쳐 8개로 분할되는 8세포기까지 자라면, 의사가 세포를 한두 개 떼어 내 현미경으로 유전자 정보를 검사합니다. 그리고 가족 내력이 있는 특정한 유전적 질병을 나타내는 '**표지자**'를 찾습니다. 표지자가 있으면 질병이 있다는 뜻으로, 표지자가 발견된 배아는 폐기하지요.

현재 착상 전 유전자 진단은 배아의 생명과 관련된 질병을 검사할 때만 사용됩니다. 하지만 머지않아 키나 지능 등 다른 형질을 검사하는 데 사용될 수 있어요. 그렇게 되면 우수한 유전자를 가진 아이들만 세상에 태어나고, 자연 임신으로 태어난 평범한 아이들은 사회적 불이익을 받는 세상이 될 수 있겠지요. 그래서 2009년에 미국에서는 '유전자 정보 차별 금지법'이 시행되었습니다.

▌착상 전 유전자 진단을 할 때는 특수 도구를 사용해서 배아를 확인한다.

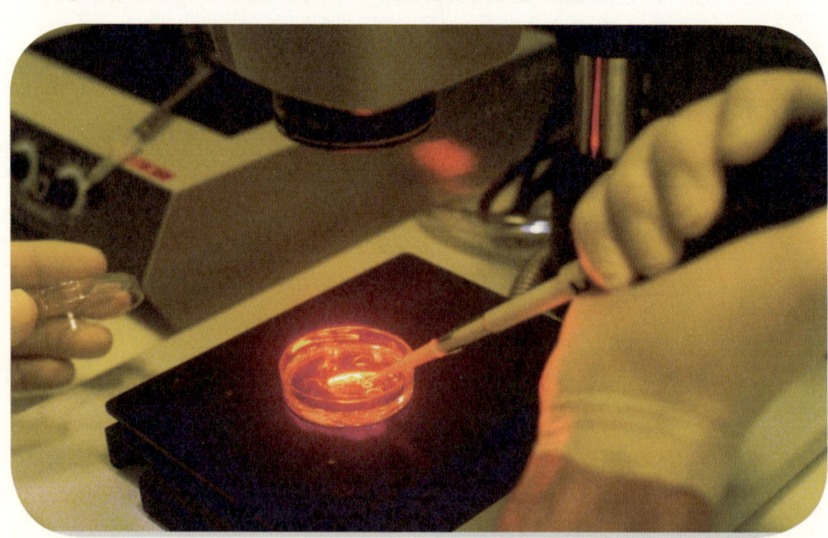

성별 선택

배아의 성별을 알아내는 데 착상 전 유전자 진단법을 사용하기도 합니다. 아이의 성별에 따라 유전되는 질환이 다를 수 있기 때문이지요. 예를 들어 혈우병은 여성보다 남성에게 더 자주 발병되는 유전 질환입니다. 사람의 **성 염색체**에는 X 염색체와 Y 염색체가 있는데, 부모로부터 물려받은 염색체의 종류에 따라 성별이 결정됩니다. 남자는 XY 염색체, 여자는 XX 염색체를 가지고 있는데, 혈우병은 돌연변이 X 염색체가 유전될 때 발병합니다. X 염색체가 두 개인 여자 아이는 돌연변이 X 염색체가 유전되어도 다른 X 염색체가 있어 큰 문제가 없지만, 남자

▌ 어떤 부모들은 아기의 성별을 선택하여 가족 구성원의 성비를 맞추려고 한다.

아이는 X 염색체가 한 개뿐이기 때문에 혈우병에 걸릴 확률이 더 높은 것이지요. 그래서 혈우병이 가족 내력에 있는 부부는 배아를 선택할 때 여자 아이를 택하는 경우가 많습니다.

과학자들이 배아의 성별을 알아내는 연구를 시작한 시기는 1980년 대입니다. 처음에 착상 전 유전자 진단은 유전 질환을 검사하는 방법으로만 사용되었습니다. 하지만 오늘날에는 아기의 성별을 맞춰 낳아 가족을 구성하는 '균형 가족 계획'에도 이용됩니다. 예를 들어 아들이 이미 있는 부모가 딸을 원할 때, 성 염색체가 XX인 배아만 선택하는 것이지요.

그러나 성별을 임의로 선택할 수 있게 되면서 윤리적 문제가 불거졌습니다. 지구 상에는 중국과 인도처럼 남아 선호 사상이 있는 문화권이 존재합니다. 아들이 가족의 대를 이어 나가고 가족을 부양할 책임을 져야 한다고 여기기 때문입니다. 그래서 몇몇 사람들은 성별을 선택하는 것이 보편화되면 남자아이가 여자아이보다 많아져 성비가 불균형해진다고 우려하지요.

서양에서도 차별 대우를 받는 여성들이 많습니다. 배아의 성별을 선

나는 성별 선택이 성차별이므로 윤리적인 행위가 아니라고 본다. 누군가를 아들이나 딸을 낳도록 도와주는 것은 윤리적이지 않다.

— 제임스 그리포 보조생식기술 학회장

택하는 것을 반대하는 사람들은 착상 전 유전자 진단법 때문에 성차별이 더 심화될 것이라고 걱정합니다. 이러한 주장에 대해 균형 가족 계획을 위한 성별 선택을 지지하는 사람들은 딸이나 아들만 있는 부모들이 둘째를 낳고 싶을 때만 유전자 진단을 이용하는 것을 허용하면 된다고 주장합니다.

　유럽 국가에서는 성별과 관련한 질병이 있을 경우에만 부모가 아이의 성별을 선택할 수 있도록 했습니다. 그 외의 목적으로 아기의 성별을 선택하는 것은 법으로 금지되어 있어요. 그러나 이러한 법적 조치로도 자녀의 성별을 선택하고 싶은 부모의 욕구를 막지는 못했습니다. 딸이나 아들을 선택해서 낳고 싶어 하는 부모들은 미국으로 가서 시술을 받기도 합니다. 미국은 질병 외의 목적으로도 아기의 성별을 선택할 수 있게 허용하기 때문이지요.

간추려 보기

- 맞춤아기는 체외 수정으로 만든 배아를 어머니의 자궁에 이식해 탄생된다. 이때 성공률을 높이기 위해 여러 개의 배아를 만드는데, 자궁에 이식되지 못한 배아를 폐기하는 과정에서 윤리적 문제를 둘러싼 논란이 일어난다.
- 착상 전 유전자 진단이란 맞춤아기가 유전 질환을 가지고 있지 않은지 검사하는 작업으로, 체외 수정 시술에서 꼭 필요한 기술이다. 하지만 이 기술은 잘못 이용되면 부모가 선택한 아이만 탄생할 수 있다는 문제점을 가지고 있다.

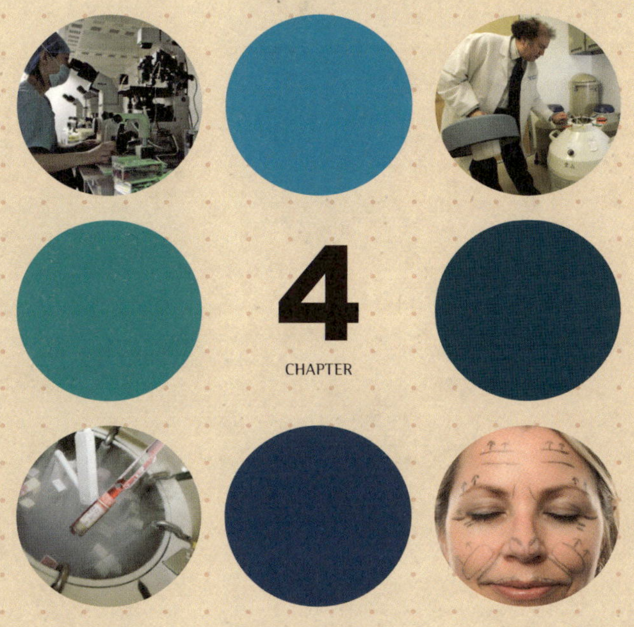

4

CHAPTER

맞춤아기를 보는
경제적 시각

유전적 특성을 선택하는 일이 개인이 결정해야 할 사안이라고 해도 그 결과 때문에 우려되는 점이 생기기도 합니다. 현재로서는 머리카락 색깔, 눈 색깔, 키 등 구체적인 신체적 특징을 가진 배아를 탄생시키려면 수백 개의 배아를 만들어서 각 배아가 원하는 조합을 가지고 있는지를 일일이 검사하는 수밖에 없습니다. 요구 사항이 더 구체적일수록 그 조건을 충족하는 배아를 찾기 위해 더 많은 배아를 만들어야 하지요. 그렇게 되면 조건에 맞지 않는 많은 배아들이 폐기될 것입니다. 배아도 생명이라고 생각하는 사람들은 이를 살인이라고 보지요.

부모가 자식의 유전적 특성을 고르는 일은 이제 공상 과학 영화에나 등장하는 이야기가 아닙니다. 이미 점점 현실이 되고 있지요. 이 주제를 둘러싼 찬반 논쟁도 뜨겁습니다.

논란에 휩싸인 불임 연구소

2009년 2월, 미국의 한 불임 연구소가 논쟁에 휩싸였습니다. 아기의 피부색은 물론 머리카락과 눈 색깔까지 부모가 선택할 수 있는 서비스를 시행할 계획이라고 발표했기 때문이지요. 이 소식은 언론과 인터넷을 통해 순식간에 전 세계로 퍼져 나갔습니다. 한 의사는 "합법적인 연

전문가 의견

우리는 신의 영역을 침범했다는 이유로 고소당했다. 하지만 생명을 구하는 수술을 하는 의사들은 매일 신의 영역을 침범한다.

— 제프리 스타인버그 박사 불임 연구소 대표

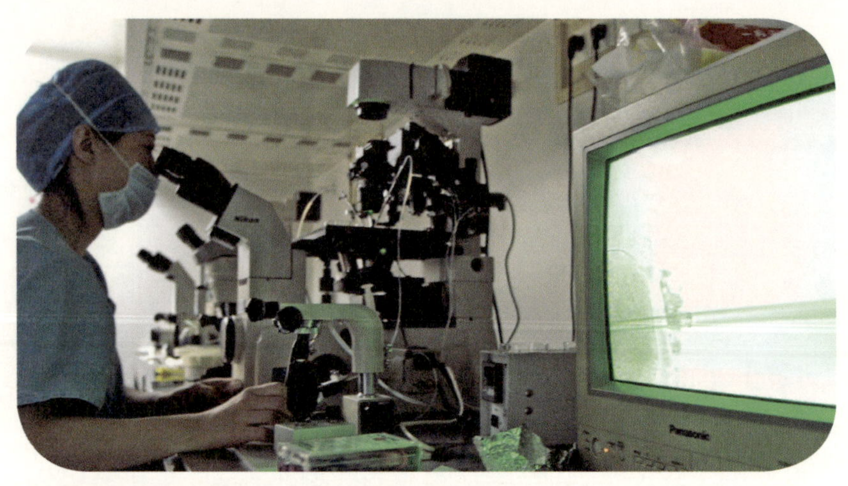

1986년 처음 세워진 불임 연구소는 현재 미국의 뉴욕과 LA, 멕시코의 과달라하라에 지점이 있다.

구소라면 아기의 형질을 선택할 수 있게 하지 않겠지요. 만일 선택하도록 허락한 곳이 있다면 업계에서 추방될 겁니다."라며 연구소를 비판했습니다. 논란이 거세지자 연구소는 생각을 바꿔 그런 서비스는 아예 시행하지 않겠다고 했어요.

사실 불임 연구소의 발표가 수많은 유전 공학자에게 새로운 내용은 아니었습니다. 배아의 형질을 선택하는 것과 관련된 기술이 계속 발전하면서 많은 과학자들이 유전 질환 감별 외의 목적으로 착상 전 유전자 검사를 사용하는 시대가 올 거라고 예측하고 있었지요. 불임 연구소의 대표인 제프리 스타인버그는 BBC 방송에서 "저는 이 길이 위험하다고 생각하지 않습니다. 미지의 영역일 뿐이죠."라고 말했습니다.

불임 연구소가 실제로 형질 선택 서비스를 제공할 기술이 없다고 생각하는 사람들도 많았습니다. 펜실베이니아 대학교의 생물윤리 센터의 소장인 아서 카플란 박사는 CBS 뉴스에서 이렇게 의견을 밝혔습니다. "저는 스타인버그에게 그런 기술이 없다고 생각합니다. 부모가 태어날 아기의 눈 색깔, 머리카락 색깔, 주근깨 등을 선택하는 기술은 앞으로 실현되지 못할 것입니다." 하지만 박사는 형질을 선택하는 기술이 곧 실현될 것이라는 사실은 인정했습니다. 그리고 말을 이었습니다. "결국 그 방향으로 가고는 있어요. 단순히 질병이나 신체적 결함 때문이 아니라 특정한 아기를 원하기 때문에 아기의 형질을 선택하는 일이 가능해 질 것입니다."

불임 연구소의 발표를 반겼던 사람도 있었지만 대부분은 환영하지 않았습니다. 과학 잡지인 〈사이언티픽 아메리칸〉은 생식 기술에 더 많

불임 연구소를 이끄는 제프리 스타인버그 박사는 체외 수정 기술 분야에서 30년 이상 몸담은 전문가다.

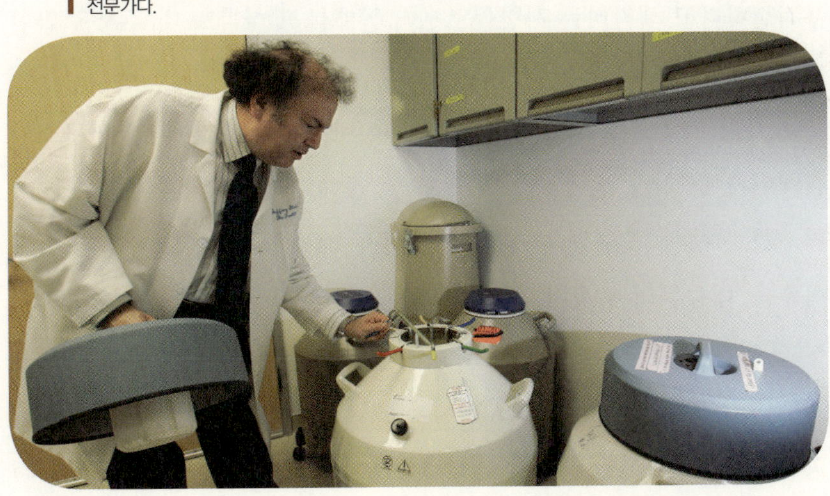

은 규제를 도입할 것을 주장하면서, 그렇지 않으면 맞춤아기 시장이 형성될 것이라고 주장했습니다. 미국의 비평가인 웨슬리 J. 스미스는 "어떠한 '권리'도 절대적이지 않습니다. 아직 개척되지 않은 영역인 체외 수정 시장에 규제를 가할 시기는 이미 오래전에 지나갔습니다."라는 내용의 칼럼을 기재했습니다. 심지어 교황까지도 이 같은 의견을 내놓았습니다. 2009년 2월 21일, 교황은 "배아의 형질을 선택하는 것은 완벽한 아기를 갖기 위한 집착입니다. 생명과 개인의 존엄성을 경시하는 관점을 정당화시키는 새로운 사고방식이지요."라며 비판의 목소리를 높였습니다.

얼마 뒤인 2월 28일, 스타인버그는 자신의 입장을 계속 고수하면서 〈선데이 텔레그래프〉에 다음과 같은 의견을 표했습니다. "나도 사람들의 걱정을 이해합니다. 하지만 과학이 계속 발전하고 있다는 사실을 부인할 수는 없습니다. 배아의 형질을 부모가 자유롭게 선택하는 기술이 부적절하다고 생각하는 사람들로부터 몰매를 맞더라도 내 주장을 굽힐 의향은 없습니다."

하지만 이틀 뒤, 그는 자신의 입장을 바꾸었습니다. 불임 연구소가 홈페이지에 "착상 전에 배아의 눈 색깔 등에 관한 형질 검사를 하는 서비스를 시행하지 않겠습니다."라는 글을 게재한 것이지요. 그리고 그 이유를 '대중들의 부정적 인식'과 '서비스가 사회에 부정적인 영향을 미칠 것'이라는 점 때문이라고 설명했습니다.

하지만 불임 연구소가 제공하려고 했던 서비스는 분명 곧 현실이 될 것입니다. 사실 신체적 형질을 선택하는 기술은 현재도 가능하지요. 스

타인버그는 지금이 바로 '모두가 현실을 회피하고자 감았던 눈을 떠야
할 시기'라고 주장합니다. 조만간 불임 연구소나 다른 불임 클리닉이 이
런 형질 선택 서비스를 제공할지도 모릅니다.

개인적 문제일까?

태어날 아이의 유전적 특성을 결정하는 일은 사적인 문제이므로 오
로지 당사자인 부모와 의사에게만 선택권이 있다고 생각하는 사람들이
많습니다. 체외 수정 기술이 처음 도입되었을 때 많은 사람들은 체외 수
정이 자연적이지 않다며 거부했습니다. 하지만 오늘 날 체외 수정 기술
은 많은 불임 부부들을 돕고 있지요.

불임 연구소를 이끄는 제프리 스타인버그 박사 역시 이러한 입장입

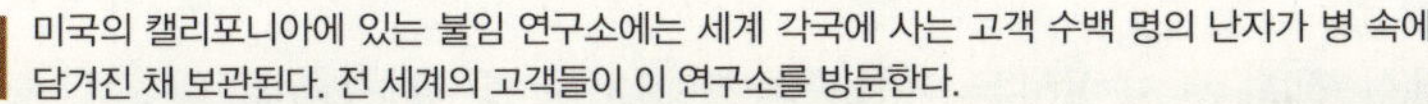

미국의 캘리포니아에 있는 불임 연구소에는 세계 각국에 사는 고객 수백 명의 난자가 병 속에
담겨진 채 보관된다. 전 세계의 고객들이 이 연구소를 방문한다.

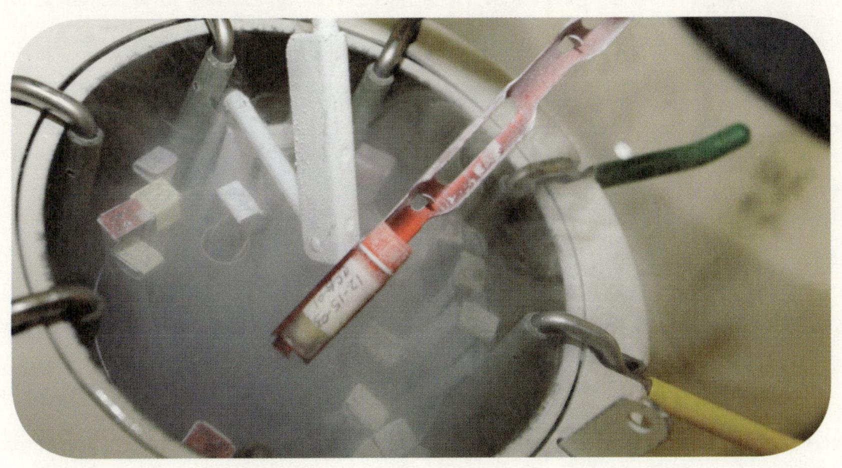

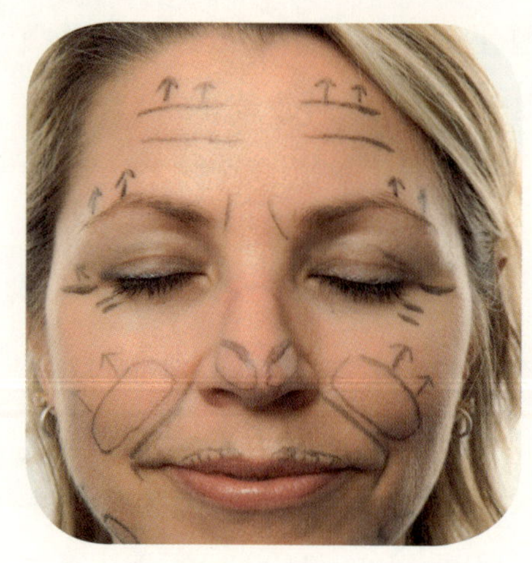

니다. 그는 유전적 특성을 선택하는 일이 바로 과학이며 환자들에 대한
서비스라고 생각합니다. 그는 의사로서 자신의 환자들에게 가능한 한
모든 과학의 혜택을 주고 싶어 합니다. 그래서 유전 질환 여부를 알기
위해서 검사를 시행하든, 키나 머리카락 색깔 등 신체적 형질을 알기 위
해서 검사를 시행하든 둘 사이에 차이점이 없다고 생각하지요. 그의 의
견에 반대하는 사람들은 어떤 유전적 형질이 다른 형질에 비해서 '우수'
하다고 생각될 수 있으므로 이를 위험하다고 여깁니다. 이들은 일부 형
질을 더 바람직하게 여기는 문화가 우생학의 부활을 가져올 수 있다고
걱정하지요.

　　유전적 특성을 선택하는 일이 개인이 결정해야 할 사안이라고 해도
그 결과 때문에 우려되는 점이 생기기도 합니다. 현재로서는 머리카락
색깔, 눈 색깔, 키 등 구체적인 신체적 특징을 가진 배아를 탄생시키려

면 수백 개의 배아를 만들어서 각 배아가 원하는 조합을 가지고 있는지를 일일이 검사하는 수밖에 없습니다. 요구 사항이 더 구체적일수록 그 조건을 충족하는 배아를 찾기 위해 더 많은 배아를 만들어야 하지요. 그렇게 되면 조건에 맞지 않는 많은 배아들이 폐기될 것입니다. 배아도 생명이라고 생각하는 사람들은 이를 살인이라고 보지요.

의학일까, 마케팅일까?

불임 연구소는 유전 의학으로 아이를 갖지 못한 부부들을 돕는 곳입니다. 스타인버그는 환자를 위해 최상의 의료 서비스를 제공하고 싶어 했지요. 그렇다면 불임 연구소를 이용하는 사람들은 고객일까요, 아니면 환자일까요? 불임 클리닉에서 제공하는 서비스는 모두 판매를 위한

▍유전자 마케팅에 반대하는 사람들은 새 차를 사듯이 자신의 2세를 골라서는 안 된다고 말한다.

상품일까요? 어디까지가 의학이고, 어디까지가 **마케팅**일까요?

아이의 유전적 형질을 부모가 선택하는 것을 지지하는 사람들은 이를 성형 수술과 비교합니다. 자신이 원하는 외모를 갖기 위해서 성형 수술을 받는 것처럼 부모가 아이의 유전적 특성을 선택할 권리를 가져야 한다는 것이지요.

하지만 성형 수술과 특정한 배아를 선택하는 것 사이에는 분명한 차이점이 있습니다. '선택의 주체'가 다르다는 점입니다. 성형 수술은 자신이 결정을 하지만 유전적 특징을 선택하는 사람은 부모라는 거예요. 부모의 선택에 따라 아이가 커서 어떤 모습이 될지 결정되니까 말이에요.

유전자은행

유전 정보가 담긴 난자나 정자를 매매하는 행위는 갑자기 등장한 이야기가 아닙니다. 1970년대에 체외 수정이 가능해진 뒤로 건강한 난자와 정자를 판매하는 시장은 성황을 이루었습니다.

난자와 정자를 사고파는 일이 보편화되면서 자신이 원하는 사항을 꽤 솔직하게 드러내는 고객도 생겼습니다. 얼마 전, 한 명문대학교의 교내 신문에 광고가 실렸습니다. 키 178센티미터 이상에 탄탄한 몸매, 가족 중에 큰 질환을 앓는 사람이 없고, 성적도 우수한 여성의 난자를 찾는다는 광고였지요. 광고에는 난자를 제공해 주는 대가로 최소한 약 5천만 원을 지불하겠다는 내용도 적혀 있었습니다.

1999년, 어떤 패션 사진작가가 난자를 파는 웹 사이트를 만들었습니다. 사이트에는 난자를 제공할 모델들의 사진이 있었지요. 난자는 경매를 통해서 살 수 있었는데, 최초 입찰가는 약 천오백만 원에서 1억 5천만 원 사이였습니다. 그 사진작가는 사람들에게 "당신이 아름다운 자녀를 낳을 수 있다면, 그래서 그 자녀가 사회적 이득을 얻을 수 있다면 그렇게 하지 않을 건가요?"라는 질문을 던졌습니다.

정자은행은 인공 수정에 사용할 인간의 정자를 냉동시켜 저장하는 곳입니다. 사람들은 정자은행에서 체외 수정에 사용할 정자를 거래하지요. 기증된 정자는 누구나 사용할 수 있습니다. 결혼은 안 했지만 아이를 가지고 싶은 여성이나 결혼을 했지만 남편이 불임인 여성이 정자은행을 이용하지요. 정자 기증자는 자신의 정자를 정자은행에 기증하고 돈을 받아요.

캘리포니아 크라이오뱅크(CCB, California CryoBank)는 세계 최대의 정자은행 중 한 곳입니다. CCB의 본사는 스탠퍼드 대학교 근처에 있어요. 또 다른 지점은 세계적인 명문대로 손꼽히는 하버드 대학교와 MIT 대학교 사이에 있지요. CCB는 명문대 학생에게 쉽게 정자를 기증받기 위해 세계 최고의 대학 근처에 회사를 세웠습니다.

CCB는 그들의 사업 성공 비결이 엄격하게 기증자를 선택하는 것이라고 말합니다. CCB에 정자를 제공하려면 대학 이상의 교육을 받아야 하는 것은 물론 건강, 가족 병력, 학력과 신체적 특징까지도 검사받아 일정 기준을 통과해야 합니다. 키는 최소한 175센티미터는 넘어야 하지요. 기증자로 지원하는 사람 중 실제로 등록되는 사람은 1퍼센트에 불과하다고 해요.

CCB는 기업이기 때문에 여러 가지 방법으로 고객들을 확보해 수익을 높이려고 합니다. 그래서 웹 사이트에 키, 몸무게, 머리카락 색깔, 눈 색깔, 인종 등 여러 가지 특징을 바탕으로 한 기증자 검색 서비스를 제공하지요. 상세 검색란을 열면 기증자의 학위도 볼 수 있어요. 심지어 일정 금액을 지불하면 기증자의 성격 검사 결과까지도 살펴볼 수 있답니다. 유명인을 닮은 기증자를 소개하거나 '이번 달의 기증자'를 인터뷰해 기사를 쓰기도 하지요.

사람들은 엄격한 기준으로 정자 기증자를 선택하는 것이 우생학과 다를 바 없다고 비판했습니다. 그러자 CCB의 공동 창업자이자 의사인 캐피 로드먼은 고객들이 원하는 것을 제공할 뿐이라고 했지요. 또한, CCB는 약 183센티미터의 키에 갈색 눈, 금발에 보조개가 있는 남성의 정자를 고객에게 제공한다고 광고합니다. 로드먼은 광고와 관련해 "고

캘리포니아 크라이오뱅크(CCB) 같은 정자은행을 보면 유전학이 큰 수익을 거두는 사업이라는 것을 알 수 있다.

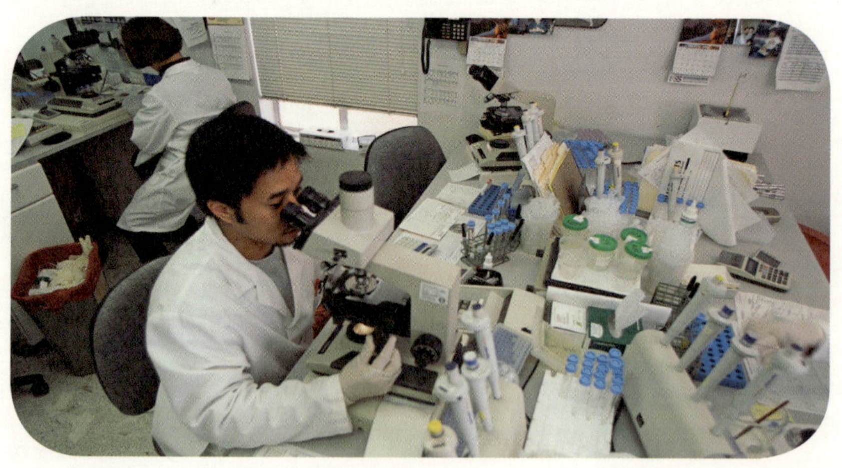

객들이 그런 남성을 원하기 때문에 그런 기증자를 모집하는 것입니다. 만약 우리 고객들이 고등학교 중퇴자를 원하면 우리는 고객들에게 고등학교를 중퇴한 사람의 정자를 줄 거예요."라고 말했습니다.

정자은행의 관계자들과 고객들은 정자와 난자를 파는 데 전혀 문제가 없다고 생각합니다. 그들은 난자나 정자를 제공하는 것은 아이를 가지는 데 어려움을 겪고 있는 많은 사람들을 돕는 일이며, 물건을 사고파는 것처럼 정자와 난자도 거래할 수 있다고 이야기하지요. 반면 이를 반대하는 사람들은 난자와 정자를 매매하는 것이 인간을 파는 행위나 다름없다고 생각합니다.

유전 격차

정보 격차란 새로운 정보를 알 수 있는 능력을 보유한 자와 그렇지 못한 자 사이에 경제적·사회적 격차가 심화되는 현상을 말합니다. 정보를 알려면 돈이 필요합니다. 예를 들어 가난한 집에는 컴퓨터가 없는 경우가 많습니다. 가난한 사람들이 인터넷을 이용하려면 학교와 도서관을 찾을 수밖에 없는데 저소득층이 사는 동네에는 그런 시설 자체가 없을 수도 있습니다. 반대로 부유한 가정은 대부분 그러한 장치를 기본적으로 갖추고 있지요.

어떤 사람들은 정보 격차와 마찬가지로 새로운 유전 기술을 두고 빈부 간에 큰 격차가 벌어질 것을 우려합니다. 이를 '유전 격차'라고 부르지요. 유전자가 본격적으로 거래되는 날이 오면 부유한 사람들은 2세를 위해 우수한 유전자를 비싼 값에 살 것입니다. 부자일수록 더 똑똑한

아이, 더 튼튼한 아이, 더 재능 있는 자녀가 태어날 확률이 높아지지요. 그리고 우수한 유전자를 가진 아이는 부유한 환경에서 많은 혜택을 받으며 자랄 거예요.

프린스턴 대학교의 분자 생물학 교수 리 실버는 그의 저서 《리메이킹 에덴》에서 인간이 두 그룹으로 분열되는 모습을 그리고 있습니다. 책에서 세계는 우수한 유전자를 구매해 아이를 개량시킨 '부유 유전자' 계층과 '보통 유전자' 계층으로 나누어집니다. 각 계층의 사이는 점점 멀어지고 마침내 인간은 두 종으로 분리되지요.

어떤 사람들은 유전 격차에 관해 크게 걱정하지 않습니다. 돈이 많은 부모들은 아이들을 더 좋은 학교를 보내고, 학교 성적이 안 좋으면 학원

을 보냅니다. 게다가 신체를 단련시키고자 테니스나 발레 수업을 받게
하고, 미술이나 음악을 가르칩니다. 유전 격차를 걱정하지 않는 사람들
은 아직 태어나지 않은 아이에게 더 좋은 유전자를 주는 것은 이미 태어
난 아이에게 돈으로 할 수 있는 최상의 것을 주는 것이나 다름없다고 말
합니다.

전문가 의견

결국은 아이를 쇼핑하게 될 것이다. 부모들이 원하는 아이를 주문하는 것
이다.

— 제레미 리프킨 경제동향연구재단 이사장

- 많은 돈을 지불하고 부모가 원하는 유전적 형질을 선택하게 해 주는 서비스를 제공하려던 불임 연구소가 사회적 논란을 불러왔다. 이 서비스에 찬성하는 사람들은 유전적 형질을 자유롭게 선택하는 것은 돈을 지불한 고객의 권리라고 말한다. 반면 반대하는 사람들은 아이가 탄생하는 것은 경제적 논리에 영향을 받아서는 안 된다고 주장한다. 또, 유전적 형질을 어디까지 선택하도록 허용해야 하는지 논란이 일고 있다.
- 아이를 낳고 싶지만 여건이 안 되는 사람에게 정자와 난자를 기증하는 유전자은행이 성행하고 있다.

5

부모의 권리와
아이의 권리

모든 부모들은 아이가 잘 자라 훌륭한 사람이 되길 기대합니다. '내 아이는 스포츠 스타가 되었으면 좋겠어.' 또는 '내 아이는 영화배우가 되었으면 좋겠어.'라고 생각하는 부모들도 있지요. 하지만 이런 부모들의 소망을 현실로 만드는 기술이 있다면 어떨까요? 부모와 아이는 행복해질까요?

모든 부모들은 아이가 잘 자라 훌륭한 사람이 되길 기대합니다. '내 아이는 스포츠 스타가 되었으면 좋겠어.' 또는 '내 아이는 영화배우가 되었으면 좋겠어.'라고 생각하는 부모들도 있지요. 하지만 이런 부모들의 소망을 현실로 만드는 기술이 있다면 어떨까요? 부모와 아이는 행복해질까요?

보편화되는 착상 전 유전자 분석 서비스

인간이 가지고 있는 게놈의 모든 염기서열을 해석하는 '인간 게놈 프로젝트'가 성공하기까지 엄청난 비용이 들었습니다. 프로젝트를 성공시킨 제임스 왓슨은 약 21억 원을 내고 자신의 DNA 염기서열을 해독했습니다. 최초로 DNA 구조를 밝혀낸 그가 자신의 게놈을 알고 싶어 한 것은 당연했지요.

시간이 지날수록 인간 유전자 구조 분석에 드는 비용은 저렴해졌습니다. 2008년 어플라이드 바이오시스템스라는 캘리포니아에 있는 연구소는 게놈 분석 비용을 약 5천 3백만 원으로 책정했습니다. 2012년에는 약 백만 원이면 충분해졌지요. 분석에 소요되는 시간도 점점 짧아

졌습니다.

유전자 분석 비용이 계속 하락하면, 착상 전 유전자 분석 서비스를 이용하는 사람들도 더 많아질 것입니다. 지금까지는 유전자에 문제가 있는지 알기 위해 서비스를 이용하고 있지만 앞으로는 다른 목적으로 부부의 게놈을 모두 검사하는 날이 올 수도 있습니다. 멘델이 실험했듯이 부모의 유전자를 분석하면 어떤 아이가 태어날지 예상할 수 있습니다. 이때 부모에게 어떤 형질까지 선택할 수 있도록 허용해야 할까요? 유전 질환에 한해서 선택하도록 해야 할까요, 아니면 다른 형질도 선택할 수 있도록 범위를 확대시켜야 할까요?

알아두기

DNA 분석은 과학자들만의 이야기가 아니다. 우리 주변에서도 DNA 분석을 활용한 사례를 흔히 볼 수 있다. 2011년에 국립산림과학원은 DNA 분석으로 은행나무의 성을 감별하는 기술을 개발했다. 은행나무는 해충을 쫓아 주고 가을이면 단풍이 아름답게 들어 가로수로 많이 활용된다. 하지만 열매가 땅에 떨어지면서 풍기는 악취 때문에 은행나무를 싫어하는 사람들도 많다. 은행이 열리지 않는 수그루만 골라 심으면 악취를 해결할 수 있지만, 은행나무의 암수를 구별하려면 나무가 다 자랄 때까지 20년 이상을 기다려야 한다. 하지만 과학원이 개발한 DNA 분석 기술로 손쉽게 암수를 구별할 수 있게 되어 악취로 고통받는 일이 점차 사라질 것이다.

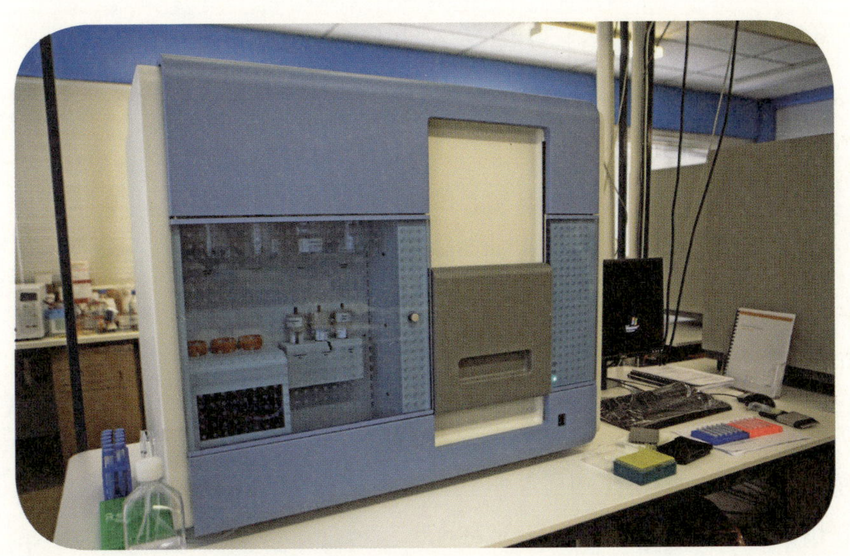

과학자들은 DNA 염기서열 분석기를 고객의 혈액이나 세포 샘플 분석에 사용한다.

누구의 삶일까요?

맞춤아기를 둘러싼 논쟁에서 가장 기본적인 문제는 바로 '부모의 권리' 대 '태어나지 않은 아이의 권리'입니다. 맞춤아기를 반대하는 사람들은 태어날 아기의 유전자를 선택하는 것은 부모의 욕망이 아이의 권리보다 앞선 증거라고 합니다. 그들은 맞춤아기가 더 똑똑하고 완벽한 아이를 원하는 부모의 과도한 욕망의 결정체라고 하지요. 그래서 부모로서의 역할보다 아이의 유전자를 선택하는 이른바 소비자로서의 입장을 먼저 내세울 수 있다는 점을 우려합니다.

또한 유전자를 조작함으로써 부모들이 아이에게 터무니없는 기대를 할 수 있다는 점도 걱정합니다. 부모들은 똑똑한 아이를 주문하지만,

유전학적으로 정말 똑똑한 아이가 태어날지 그 결과를 장담할 수는 없습니다. 게다가 나중에 아이가 성공하지 못하면 부모는 투자한 만큼 원하는 결과를 얻지 못했기 때문에 화가 날 거예요. 이 과정은 '**구매자의 후회**'라는 용어로 설명할 수 있습니다. '구매자의 후회'란 소비자가 자신이 산 제품에 대해 실망하는 현상을 일컫는 말입니다. 게다가 그 제품이 바로 자신의 아이라는 점은 더 문제지요.

아이의 입장에서 봤을 때 유전자 선택은 부정적인 일입니다. 훌륭한 성과를 내도 자신이 노력한 결과인지 아니면 부모가 그렇게 '**프로그램화**'한 결과인지 알기 어렵기 때문이지요. 어머니의 배 속에서 아이들의 미래가 이미 결정되기 때문에 살면서 노력해야 할 필요성을 못 느낄 수도 있습니다.

빌 맥키븐은 환경 운동가이자 작가입니다. 새로운 기술의 관점에서 인간 기술의 미래를 고찰하는 소설인 《이너프》에서 맞춤아기로 태어난 주인공은 이렇게 말합니다. "나는 세계 최고의 달리기 선수입니다. 내

생각해 보기

부모님이 우리의 구체적인 미래를 정하고 그에 맞게 유전자를 선택했다는 사실을 알게 된다면 기분이 어떨까? 예를 들어 음악에 재능을 보이도록 나를 만들었는데 정작 나는 음악에 관심이 없다면 기분이 어떨까? 부모님을 실망시켰다고 느껴질까? 이 경우는 단순히 부모님이 원하는 길을 따르지 않는 것과 다를까?

▌ 앞으로는 유전적으로 우수하게 태어난 사람들만이 스포츠 스타가 될까?

부모님은 내 게놈에 '스웨트 워크 2010 유전자 팩'이라는 달리기 유전자를 집어넣었습니다. 내가 세계 최고라는 것에 자부심을 느껴야 할까요? 내가 세계 최고의 달리기 선수인 것은 내 유전자 때문일까요, 내 노력 때문일까요? 더 큰 의문은 '내가 달리기 선수가 되지 않았다면 부모님의 기대를 저버렸다는 후회에 시달릴까?' 하는 것입니다."

지금도 부모님의 기대를 충족시켜야 한다는 압박감에 시달리는 아이들이 많이 있습니다. 그런데 부모가 자신의 유전자를 선택했다면 그 압박감은 얼마나 더 심해질까요?

어디서 멈춰야 할까요?

'미끄러운 비탈길 이론'을 아나요? 미끄러운 비탈길 이론이란 하나를 허용하면 그 뒤에 일어날 일이 걷잡을 수 없이 커진다는 이론입니다. 맞춤아기를 반대하는 사람들은 미끄러운 비탈길 이야기를 많이 합니다. 어떤 이유로든 처음 몇 사람에게 유전자를 선택하도록 허용하면 나중에는 더 많은 사람들이 어쩔 수 없이 착상 전 유전자 진단법을 통해 맞춤아기를 만들 것이라는 이야기지요. 자신의 자녀가 유전자 선택으로 태어난 우수한 또래 친구들에게 뒤처질까 봐 걱정되니까요.

만약 유전자 선택이 자유롭게 허용된다면 부모들은 어떤 유전자를 가진 아이를 선택해야 할까요? 키가 작거나 뚱뚱한 아기는 피해야 한다고 생각하게 될까요? 부모가 착상 전 유전자 진단법을 사용하지 않고 태어난 아이는 사회적 약자가 될까요?

맞춤아기를 낳는 일이 보편화된다면 사람들은 사회적 기준에 맞춰서 유전자를 선택할 것입니다. 하지만 사회적 기준은 항상 변하기 마련입

질병의 경우가 아니라면 어떤 선택이 더 낫다고 누가 말할 수 있을까? 갈색 머리보다 빨간색 머리가 더 나을까? 주근깨는 있는 것이 좋을까, 없는 것이 더 좋을까? 이런 질문에 대한 관점은 주관적이며 문화에 따라 다르다.
— 아서 카플란 미국 펜실베이니아 대학교 바이오에틱스 센터 소장

니다. 예를 들어 과거에는 몸무게가 많이 나가는 사람을 성공한 사람으로 여겼습니다. 부자라서 원하는 대로 무엇이든 먹을 수 있다고 보였으니까요. 하지만 오늘날 많은 나라의 사람들이 날씬한 몸매를 아름다움의 조건으로 여기고 있습니다. 한편 젊음과 아름다움을 연관시키는 문화권에서는 주름을 없애기 위해서 피부에 주입하는 독성 성분인 보톡스를 맞는 사람도 있습니다. 그러나 정반대로 나이든 사람을 존경하는 문화권도 있지요. 사회적 기준은 시간과 공간에 따라 다릅니다. 현재 우수하다고 여기는 유전적 조건이 미래에도 그렇다는 보장은 없어요.

정상이라는 기준은 누가 정하나요?

유전학자인 제임스 왓슨은 유전자와 지능의 상관관계에 대해서 연구한 사람입니다. 그는 이렇게 말했습니다. "초등학교나 유치원에서 공부를 못 하는 아이들은 왜 그런 걸까요? 어떤 사람들은 가난 때문이라고 말하겠지요. 하지만 그게 아니라 멍청한 유전자 때문입니다. 저는 공부를 못 하는 아이들을 위해 이 세상에서 유전학으로 멍청한 유전자를 제거할 것입니다." 제임스 왓슨은 이 발언으로 많은 비난을 받았습니다. 사람들은 공부를 못 하는 아이들이 비정상은 아니라며 왓슨의 생각이 나치의 우생학을 부활시킬 것이라고 했지요.

어떤 사람들은 외모나 지능에 '정상'이라는 기준을 세우고 아름다운

유전학에 대한 제임스 왓슨의 생각은 종종 유전적 선택에 대한 찬반론을 불러왔다.

2007년, 영국의 왕립 청각 장애 연구소(RNID, Royal National Institute for Deaf and Hard of Hearing People)는 청각 장애인 부모에게는 청각 장애가 있는 배아를 선택할 권리가 허락되어야 한다는 성명을 발표했다. 즉, 신체의 오감이 모두 정상인 배아보다 청각에 문제가 있는 배아를 우선할 수 있는 권리를 주장했다. 이는 당시 의회에서 논의되고 있던 인간 조직 및 배아에 관한 법안과는 정반대였다. 이 법안은 건강한 배아가 존재한다면 비정상적인 배아를 선택하는 것을 법적으로 금하는 내용을 담고 있었다.

RNID는 이 법안이 차별적인 법안이라고 고소했다. 합당한 이유로 장애아를 선택하는 경우를 허락하지 않은 채 정상아를 만들 권리만 준다는 점을 이유로 들었다. 운동가들은 청각 장애인들 사이에 공유되는 문화적인 정체성이 있으며 청각 장애 부모들이 청각 장애 아이를 낳는 것이 허용되어야 한다고 주장했다.

영국 청각 장애 협회(BDA, British Deaf Association)의 회장인 프랜시스 머피는 다음과 같이 말했다. "청각 비장애인인 사람들이 '자신과 같은' 배아를 선택하여 같은 특징과 언어와 문화를 나눌 권리가 있다면, 청각 장애인들도 청각 장애가 있는 배아를 선택할 권리가 있다고 생각한다."

얼굴이나 똑똑한 머리를 우수한 것으로 여깁니다. 하지만 정상의 기준은 누가 정할까요? 맞춤아기에 반대하는 사람들은 인위적인 사회적 가치를 기준으로 배아를 선택해서는 안 된다고 말합니다.

사회적 가치를 얘기할 때 종종 화두로 떠오르는 주제가 바로 동성애

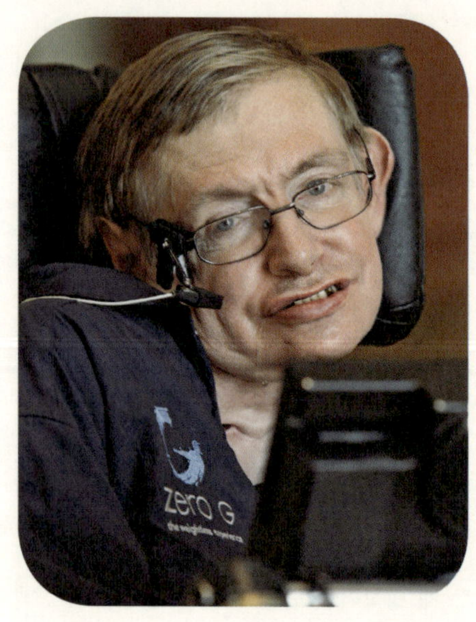

세계적인 물리학자이자 작가인 스티븐 호킹은 루게릭병을 앓고 있지만 자신은 놀라운 삶을 산다고 말한다. 유전자 선택이 일반화된다면 아이의 숨겨진 재능이 사회에 공헌할지도 모른다는 가능성을 없애는 위험을 감수해야 할까?

입니다. 어떤 과학자들은 동성애가 유전자의 문제로 나타난다고 이야기합니다. 만약 그렇다면 동성애는 유전 질환으로 다루어져야 할까요? 부모에게 동성애 유전자가 없는 배아를 고르도록 허용해야 할까요?

배아에 어떤 유전자가 있다는 것은 단순히 나중에 아이가 커서 어쩌면 그 유전자와 관련된 특성이 나타날 수도 있다는 가능성을 의미할 뿐입니다. 아이가 동성애 유전자를 가지고 있다고 해서 그 아이가 자라서 꼭 동성애자가 된다는 말은 아니며, 아이가 가진 유전자가 옳은 유전자인지, 틀린 유전자인지 판단할 수 없지요.

왓슨은 만약 동성애 유전자가 발견되면 부모가 동성애 유전자를 가진 태아를 낙태하는 것을 허용해야 한다고 말했습니다. 부모가 훌륭한

작가로 클 아이를 원하는데, 아이에게 난독증이 있거나, 농구 선수 아
들을 원하는데, 키가 작은 유전자를 가진 경우에도 마찬가지라고 했지
요. 하지만 아이가 밴드에서 연주를 못한다는 이유로 낙태해야 할까요?
우리는 어떤 기준으로 정상과 비정상을 판단할 수 있는 걸까요? 부모가
생각하기에 비정상인 유전자를 가지고 태어난 아이들은 행복하게 살 수
없을까요?

간추려 보기

- 사람들은 맞춤아기가 아직 태어나지 않은 아이의 권리를 침해하고, 아
  이의 미래를 결정하고 싶어 하는 부모의 욕심을 보여 주는 것이라고 비
  판한다.
- 맞춤아기의 또 다른 문제점은 부모가 어떤 기준으로 유전적 형질을 선
  택할 것이며, 완벽하다고 생각한 유전적 형질이 과연 아이의 미래를 행
  복하게 만들 것인가라는 점이다.

6
CHAPTER

맞춤아기의 미래

유전학은 단순히 앞으로 태어날 배아의 형질을 고르는 데서 멈추지 않고 계속 발전해 왔습니다. 존재하는 생물의 유전자를 바꾸거나 심지어 다른 유전자를 삽입하는 기술도 발명되었지요.

유전학은 단순히 앞으로 태어날 배아의 형질을 고르는 데서 멈추지 않고 계속 발전해 왔습니다. 존재하는 생물의 유전자를 바꾸거나 심지어 다른 유전자를 삽입하는 기술도 발명되었지요. 2007년, 뉴욕의 코넬 대학교 연구진들은 최초의 유전자 조작 인간 배아를 만들었습니다. 체외 수정에서 남겨진 배아에 녹색 형광 단백질을 넣은 것이지요. 그 배아는 5일 뒤에 파괴되었

▌ 미래의 인류는 모두 초능력을 가질까?

미국에서 재배된 콩의 89%는 유전자를 조작한 씨앗에서 나온다.

습니다. 하지만 이 연구는 유전자 조작의 새 가능성을 열었습니다.

발전하는 유전 공학

과학자들은 수년 동안 식물과 동물의 유전자를 바꾸는 연구를 했습니다. 식물의 유전자를 조작해 농작물이 병에 쉽게 걸리지 않고 수확량이 더 많아지도록 했습니다. 소와 염소 등 가축은 젖의 생산량을 늘리거나 그 안에 영양소가 더 풍부해지도록 유전자를 조작했지요.

또한 여러 실험으로 동물의 유전자를 조작해 인간의 질병을 치료하기 위한 약품을 생산했습니다. 예를 들어 쥐에 알츠하이머 유전자를 삽입해 치료약을 찾는 연구를 하고 있지요. 박테리아의 유전자를 재조합해 만든 당뇨병 치료제는 거의 30년간 판매되고 있어요.

한 종의 유전자를 다른 종에 넣는 유전 공학도 있습니다. 어떤 연구자들은 새로운 물질을 생산하기 위해서 거미의 유전자를 염소의 게놈에 넣었습니다. 거미줄은 매우 질긴 단백질이 주성분입니다. 그래서 거미줄로 아주 튼튼한 방탄복을 만들 수 있지요. 과학자들은 거미줄에 있는 단백질이 염소젖과 비슷하다는 사실을 알게 되었습니다. 거미의 유전자를 염소에 넣자, 염소젖에서 거미줄에 있던 것과 똑같은 단백질 성분이 나왔습니다. 염소젖에서 추출한 인공 거미줄을 바이오스틸(BioSteel)이라고 하는데, 현재 바이오스틸은 방탄조끼를 만드는 데 사용됩니다.

거미줄은 아주 강한 비단으로 만들어진다.

다음 세대로 계속 전달되는 유전자

1990년대부터 유전자를 이용해 병을 치료하는 '유전자 치료'가 가능해졌습니다. 유전자 치료란 많은 질병들이 유전자 이상으로 나타난다는 사실에 착안하여, 환자의 유전자를 이용해 질병을 치료하는 방법이지요.

유전자 치료는 크게 '체세포 유전자 치료'와 '생식세포 유전자 치료'로 나뉩니다. 체세포 유전자 치료란 건강한 유전자를 시험관에 떼어 낸 근육 세포, 혈관 세포 등에서 배양한 뒤 특별히 만든 바이러스를 이용해 환자의 세포에 넣는 치료법입니다. 하지만 체세포의 수명이 짧기 때문에 영구적인 치료법이 아니라는 단점이 있지요.

한편 생식세포 유전자 치료란 수정란이나 배아 같은 생식세포에 새로운 유전자를 직접 넣어서 생식 세포의 DNA를 바꾸는 것을 말합니다. 생식세포 유전자 치료는 평생 삽입된 유전자가 변하지 않고, 자손도 그 유전자를 물려받는다는 특징이 있지요.

생식세포 유전자 치료는 동물을 대상으로 활발히 실험이 진행되고 있습니다. 예를 들어 쥐의 크기에 영향을 미치는 유전자를 쥐의 배아에 넣으면 그 쥐는 보통 쥐보다 더 크게 자라지요. 크게 자라도록 하는 유전자가 이미 쥐의 배아에 들어 있기 때문에 그 쥐의 새끼도 다른 쥐보다 큽니다. 그래서 새로운 종류의 쥐인 슈퍼 마우스가 탄생하는 것이지요.

생식세포 유전자 치료는 아직 허가가 나지 않아 인간에게는 사용할 수 없습니다. 하지만 2008년, 뉴캐슬 대학교의 과학자들이 실험을 통해 생식세포 유전자 치료의 가능성을 보여 준 적 있어요. 세 명의 부모를 둔 배아를 만든 것입니다.

그들은 우선 한 여성이 기증한 난자에서 핵 부분을 제거했습니다. 그리고 체외 수정을 통해 만들어진 배아에서 핵 부분을 빼내서 그 핵을 기증받은 난자에 이식했습니다. 그렇게 탄생한 새로운 배아는 결국 한 남성과 두 여성의 합작품이라고밖에 할 수 없었지요.

과학자들이 이런 실험을 한 이유는 세포 안의 구조물인 **미토콘드리아**에 결함이 있는 경우, 이를 다른 여성의 건강한 미토콘드리아로 대체하기 위해서였습니다. 미토콘드리아는 세포에 에너지를 공급하는 역할을 합니다. 그래서 미토콘드리아에 문제가 생기면 간 질환이 생기거나 실명하는 등 신체에 여러 가지 문제가 나타나지요.

뉴캐슬 대학교의 연구진은 미토콘드리아에 결함이 있는 수정란에서 건강한 염색체를 제거했습니다. 그리고 건강한 미토콘드리아를 가진 난자에서 염색체를 제거했습니다. 그런 다음, 미토콘드리아에 결함이 있는 세포에서 빼낸 염색체를 건강한 난자의 염색체 자리에 넣었지요. 이렇게 하여 마침내 한 아버지와 두 어머니를 가진 배아가 탄생하게 되었습니다.

이 기술을 어디에 사용할 것인가를 놓고 과학자들 사이에 의견이 분분했습니다. 어떤 과학자는 동성 커플이 자신들만의 유전자로 2세를 만들 수 있는 방법으로 보기도 했습니다. 각 부모의 유전자가 새로운 난자에 합쳐질 수 있기 때문이었지요. 그러나 아직까지 이 기술을 실제로 적용한 적은 없어요.

생식세포 유전자 치료를 인간에게 사용하는 것을 반대하는 이들은 과학이 단순히 배아 감별을 넘어선 영역까지 도달했으며, 결국 새로운 종을 낳게 될 것이라고 걱정합니다. 예를 들어 똑똑한 아이를 원하는 부모가 지능이 높게 태어나는 유전자를 배아에 넣으면 그 아이와 아이의 자손까지도 똑똑할 것입니다. 부모의 선택으로 완벽하게 태어난 맞춤 아기들은 완벽한 자손을 낳게 되고, 그들은 보통 인간과는 다른 새로운 종이 되겠지요.

리 실버는 저서 《리메이킹 에덴》에서 새로운 용어를 도입했습니다. 생식학과 유전학을 합친 생식유전학이라는 말이지요. 나쁜 유전자를 제거하려는 우생학과 달리, 생식유전학을 지지하는 사람들은 새롭고 더 바람직한 유전자를 만들고 싶어 합니다. 그들은 실험실에서 배아에 구체적인 유전자를 넣는 미래를 그립니다. 배아는 생식세포이기 때문에 새로운 유전자는 다음 세대로 계속 전해지지요.

인간성을 넘어서

1950년, '트랜스휴머니즘'이라는 사상이 등장했습니다. 트랜스휴머니즘이란 과학과 기술로 인간의 능력을 개선하자는 생각을 말해요. 트랜스 휴머니즘을 지지하는 사람들을 '트랜스휴머니스트'라고 불러요. 트랜스휴머니스트는 유전 공학이 인간을 더 확장시켜 줄 도구라고 생각하지요.

사람들이 착상 전 유전자 진단법과 다른 유전 공학 기술에 대해 가장 많이 비판하는 것은 '자연스럽지 않다.'는 점입니다. 트랜스휴머니스트들은 그러한 관점에는 한계가 있다고 생각하지요. 한 트랜스휴머니스트는 "우리는 어떤 것이 좋은지 나쁜지를 단순히 그것이 지닌 자연스러움만 가지고 판단할 수 없습니다. 굶주림, 소아마비, 장내 기생충 등 자연적으로 일어나는 것에도 바람직하지 않은 것이 존재하고, DDT, 독, 교통사고, 핵전쟁 등 인공적인 것에도 나쁜 것이 있습니다."라고 말했습니다.

트랜스휴머니스트들은 유전자 조작 기술을 긍정적으로 생각합니다. 그들은 과학의 발전이 중단되어서는 안 된다고 주장해요. 기술은 가치 중립적이기 때문에 어떤 기술도 실제로 사용해 보기 전까지는 그 기술이 좋은지 나쁜지 알 수 없기 때문이지요. 트랜스휴머니스트들은 유전학의 새로운 기술을 거부하지 않고 탐구할 때 비로소 인류는 발전하고 우리가 어떤 가치를 추구해야 하는지 알게 된다고 말합니다.

우리는 무엇을 해야 할까요?

맞춤아기는 바로 우리 세대의 문제입니다. 현재 맞춤아기와 관련된 기술의 상당 부분은 여전히 발전 초창기에 있습니다. 하지만 곧 현실이 될지도 모릅니다. 아마도 우리가 가족을 꾸리기 시작할 때 말이지요. 그 무렵이면 연구진들이 당뇨병과 심장병, 심지어 정신 질환 등 많은 질병의 유전적 원인을 발견할 가능성이 큽니다. 그럴수록 체외 수정과 유전자 조작 기술이 더 많은 관심을 받고 맞춤아기를 둘러싼 새로운 논쟁이 벌어지겠지요.

지금까지 살펴본 바와 같이 맞춤아기 문제에서 쉽게 답이 나오는 것은 없습니다. 실용적인 목적으로 발전된 많은 기술에는 부작용도 함께 따라다닙니다. 예를 들면, 주로 남성들에게 나타나는 혈우병 유전자를 가진 부모는 혈우병 없는 아이가 태어나도록 선택하는 능력을 축복이라고 생각할 것입니다. 하지만 제프리 스타인버그 박사는 질병과 관련된 유전적 문제가 없는데도 부모가 원하는 대로 자녀의 성별을 선택하도록 했습니다. 스타인버그 박사가 잘못했다고 지적하는 사람들도 있는 반면, 스타인버그의 환자들이 한 결정은 개인적인 선택이므로 다른 사람들이 상관할 바가 아니라고 주장하는 사람도 있을 것입니다. 결국, 맞춤아기의 문제 중 상당수는 '개인적 선택'의 문제로 귀결됩니다.

현재 우리가 할 수 있는 일은 미래의 모습을 상상하는 것뿐입니다. 과학은 매일 획기적인 개발이 이루어지는 분야입니다. 신기술이 등장하면 과학자와 정부 관계자는 물론 일반인들도 관심을 가지기 바쁩니다. 첫 장에서 《멋진 신세계》라는 책을 언급했지요? 《멋진 신세계》라는 제목은 윌리엄 셰익스피어가 쓴 《태풍》의 대사 중에서 따왔습니다. 셰익스피어의 이 희극을 보면 어떤 이가 이런 말을 합니다. "오, 멋진 신세계 좀 보게. 이런 사람들이 살고 있다니!"라는 구절이 있습니다. 우리

알아두기

조이스 캐럴 오츠가 쓴 단편 소설 《*BD* 11 1 86》에는 신체 기증자로 태어난 소년이 등장한다. 소설 결말 부분에 그의 몸은 '수확'되어 다른 남성의 두뇌가 그의 두개골 안에 이식된다. 소설 속 허구이기는 하지만 이 이야기는 맞춤아기를 만들면 미래에 궁극적으로 어떤 결과가 나타날 수 있는지를 보여 준다.

는 멋진 신세계에서 살고 있어요. 우리가 어떤 결정을 내리는가에 따라
서 지구 상 존재하는 사람들의 종류가 달라질 수도 있지요.

간추려 보기

- 유전학과 맞춤아기 기술은 계속해서 발전하고 있다.
- 우리는 미래에 맞춤아기 기술이 어떤 영향을 줄 것인지 곰곰이 생각하
  고 올바르게 이용해야 한다.

토론하기

맞춤아기와 관련된 유전 공학 기술을 둘러싼 논란은 다루기가 매우 어렵다. 맞춤아기 기술을 반대하는 사람들이 많지만, 유전 공학 기술이 대부분 긍정적인 목적으로 시작되었기 때문이다. 다음은 맞춤아기와 유전 공학 기술에서 파생된 토론 주제다.

Debate 01 체외 수정 기술은 수백만 쌍의 부부가 아이를 가질 수 있도록 도왔다. 하지만 체외 수정 과정에서 선택되지 못한 수백만 배아가 폐기된다. 배아를 생명이라고 볼 수 있을까? 만약 그렇다면 폐기되는 배아 때문에 체외 수정을 금지해야 할까?

Debate 02 착상 전 유전자 진단법은 배아의 유전 질환 유무를 검사하기 위해 꼭 필요하다. 하지만 진단을 해서 유전 질환에 걸릴 가능성이 있는 배아라고 해서 유전 질환이 반드시 생긴다는 이야기는 아니다. 그렇다면 착상 전 유전자 진단법을 이용해서 유전 질환이 감별된 배아를 어떻게 해야 할까?

Debate 03 착상 전 유전자 진단법으로 배아의 유전 질환뿐만 아니라 태어날 아이의 키나 머리카락 색깔, 눈동자 색깔 같은 신체적 형질에서 심지어 지능까지도 예측할 수 있다. 그렇다면 진단법을 이용해 부모가 자녀의 유전적 특징을 선택하는 일은 허용되어야 할까? 만약 허용될 수 있다면 어떤 유전적 특징을 고르는 것까지 허용해야 할까? 또, 이를 허용했을 때 사회적으로는 어떤 결과가 나올까?

Debate 04 심각한 유전 질환에 걸렸지만 고칠 방법이 없는 아이에게 맞춤아기는 구세주가 될 수 있다. 하지만 병에 걸린 아이를 치료하기 위해 맞춤아기를 만드는 일은 인간의 생명을 도구로 사용하는 일이라며 반대하는 사람들도 많다. 맞춤아기는 허용되어야 할까?

용어 설명

골수 사람의 뼈에서 적혈구, 백혈구, 혈소판과 같은 혈액 세포를 만드는 조직. 다른 장기와 달리 골수는 세포의 배열에 일정한 규칙이 없으며 구성 세포의 종류도 많다.

구매자의 후회 어떤 물건을 사고 난 뒤 잘못 산 것 같아 후회하는 구매자의 심리를 일컫는 경제학 용어.

나팔관 난소와 자궁을 연결하는 부위. 난소는 난자를 생성하고, 자궁은 수정란이 착상되어 태아가 자라는 곳인데, 나팔관은 이 둘을 연결해 난소로부터 난자를 수집하고 수정이 이루어지며 수정란을 자궁으로 보낸다.

다운 증후군 21번 염색체가 한 개 더 많아 나타나는 유전성 질환. 작은 체형, 비만, 낮은 지능, 이빨과 귀, 손의 변형 등의 증상을 보이며 심장병을 동반하기도 한다. 태아의 양수를 검사해 아이가 태어나기 전에 알아낼 수 있는 유전 질환이다.

대장균 포유류의 장에 기생하는 세균. 사람과 동물 모두에게 있으며 특히 대장균K12주는 생물공학의 연구 재료로 널리 사용된다.

마케팅 소비자에게 상품을 제공하는 데 관련된 경영 활동. 새로운 상품을 개발하거나, 제품의 판매를 촉진하는 등의 경영 전략 전반을 일컫는다.

미토콘드리아 세포의 호흡에 관여하는 세포 소기관. 호흡이 활발한 세포일수록 미토콘드리아의 수가 많으며 에너지를 생산하는 공장으로 불리기도 한다. 사람은 약 60조 개의 미토콘드리아를 가지고 있다.

배아 정자와 난자가 수정되어 세포 분열을 시작한 개체. 완전히 분열을 끝내고 태아가 되기 전까지의 시기를 배아 상태라고 하는데, 사람의 경우 보통 임신 8주 이전까지를 말한다.

성 염색체 성을 결정하는 염색체. 암컷과 수컷이 모두 가지고 있는 성 염색체를 X라고 하고 둘 중 하나만 가지고 있는 염색체를 Y라고 할 때 암컷은 XX 염색체, 수컷은 XY 염색체를 가지고 있다. 인간도 여자가 XX 염색체, 남자는 XY 염색체를 가진다.

수정란 정자의 핵과 난자의 핵이 합쳐진 결과물. 수정란은 아버지와 어머니의 염색체 모두를 가지고 있으며 세포 분열을 거쳐 태아가 된다.

염색체 세포가 분열할 때 핵 속에 나타나는 막대 모양의 구조물. 염색체에 유전 물질이 있다.

우생학 유전학을 이용해 인류를 우수하게 개량할 목적을 가진 학문. 유전학, 의학, 통계학 등을 기초로 우수한 유전자를 증가시키고 열등한 유전자를 감소시키는 것을 목표로 한다. 독일 나치 정권이 펼친 우생 정책이 대표적인 예다.

유전 질환 유전자의 이상으로 생기는 질환. 유전자 문제로 생겨나기 때문에 대를 이어 전해진다. 염색체 이상으로 생기는 경우도 있다.

유전자 부모가 자식에게 물려주는 특징을 만들어 내는 단위. 염색체를 구성하는 DNA가 배열된 방식을 의미한다.

유전학 유전 현상을 연구하는 학문. 유전이란 어떤 형태나 성질이 자손에게 전해지는 것을 말하는데, 유전학에서는 유전의 이유와 구성 물질, 발현 과정과 결과를 연구한다.

임신 촉진제 임신을 가능하게 하는 약. 성호르몬을 자극해 난소가 난자를 배란하는 것을 촉진시키는 약이 대표적이다.

종(種) 생물을 분류하는 기본 단위.

페트리 접시 얇은 유리나 플라스틱으로 만든 원형의 넓적한 접시. 주로 생물학 실험에 이용된다.

표지자 어떤 현상을 관찰하는 지표. 예를 들어 종양 표지자는 종양이 자라났는지 알 수 있는 인체 반응 물질을 말한다.

프로그램화 프로그램을 시키는 행위. 프로그램이란 어떤 문제를 해결하기 위해 그 처리 방법과 순서를 입력하거나 계획을 짜는 것을 말한다. 프로그램화란 컴퓨터의 프로그램처럼 명령문이 주어지면 무조건 정해진 순서에 따라 처리하게 되는 현상을 말한다.

헤모글로빈 적혈구에 들어 있는 색소 단백질. 척추 동물의 적혈구에 널리 분포되어 있으며, 적혈구가 산소를 쉽게 운반할 수 있도록 산소를 떼어 내거나 결합하는 역할을 한다.

혈우병 혈액 응고 인자가 없어 발생하는 유전 질환. 혈우병이 있으면 피가 멈추는 데 정상인보다 오래 걸린다.

형질 어떤 생명체가 가진 모양이나 속성. 특히 그 속성이 유전에 의해 생긴 경우에 형질이라고 한다.

연표

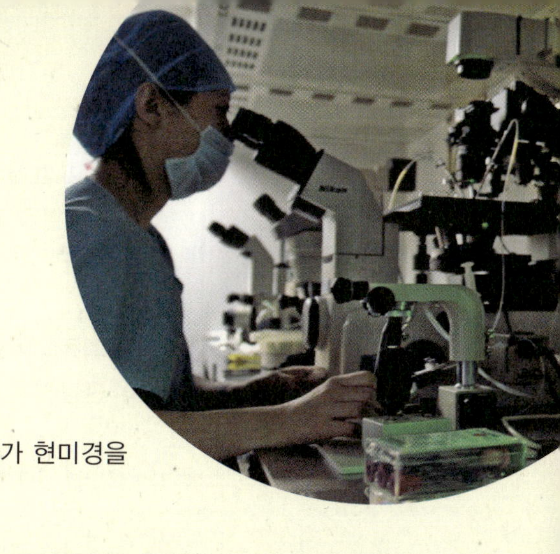

1590년	네덜란드의 한스 부자가 현미경을 발명했다.
1665년	영국에서 로버트 훅이 인간을 구성하는 가장 기본적인 단위인 세포를 발견했다.
1859년	찰스 다윈이 《종의 기원》을 출간했다.
1865년	그레고르 멘델이 강낭콩 실험을 통해 유전 법칙을 발견했다.
1866년	에른스트 헤켈이 세포핵 속에 유전 정보가 저장된다고 주장했다.
1869년	프리드리히 미셰르가 세포핵에서 DNA를 발견했다.
1890년대	배아 세포가 조직으로 자랄 수 있는 능력이 있다는 사실이 최초로 입증되었다.
1927년	벅 대 벨 소송 사건이 일어났다.
1953년	제임스 왓슨과 프랜시스 크릭이 인간의 DNA 구조를 밝혀냈다.

1977년	월터 길버트와 프레더릭 생어가 DNA 염기 배열을 결정하는 방법을 개발했다.
1978년	영국에서 최초의 시험관 아기 루이스 브라운이 탄생했다.
1980년대	배아의 성별을 감별하는 기술을 연구하기 시작했다.
1990년	사람을 대상으로 한 유전자 치료가 처음으로 시도되었다.
1996년	영국 정부가 국립 DNA 자료은행을 설립했다. 체세포 복제 실험이 성공하여 복제 양 돌리가 탄생했다.
2000년	인간의 유전자 지도인 게놈을 해독하는 인간 게놈 프로젝트가 성공했다.
2002년	영국 법원이 라지 하시미 부부에게 맞춤아기를 만들도록 허가했다.
2009년	나디아 슐만이 체외 수정으로 여덟 쌍둥이를 출산해 사회적 논란이 일어났다. 미국의 불임 연구소가 배아의 외모나 신체 조건에 착상 전 유전자 진단 서비스를 제공한다고 발표하여 논란을 일으켰다.

더 알아보기

한국생명공학연구원 www.kribb.re.kr/main/main.jsp
우리나라의 생명공학 기술개발의 중추 기관이다. 줄기 세포 연구와 생물자원,
생명 정보 연구를 통해 신약 개발, 녹색 에너지 생산, 뇌/인지신경과학 기술 등
을 창출하고 있다. 이 홈페이지에 들어가면 우리나라의 생명공학의 현 위치와
생명공학과 관련된 최신 이슈를 알 수 있으며 견학 신청도 가능하다.

한국유전자세표치료학회 www.ksgct.org
유전자 치료 분야의 기초 개발 연구와 유전자 치료와 관련된 지식을 보급하는 학
회다. 우리나라의 유전자 치료 사례와 연구 결과물, 연구 동향 등을 알 수 있다.

한국유전학회 www.kgenetics.or.kr
우리나라의 유전학을 연구하는 학회다. 유전학 분야의 최신 논문과 연구 동향
을 볼 수 있다. 또한 유전학과 관련된 재미있는 책 정보도 알 수 있다.

로슬린 연구소 www.roslin.ed.ac.uk/public-interest/
복제 양 돌리를 만든 로슬린 연구소의 홈페이지다. 돌리의 탄생 과정과 비화,
연구소의 최신 연구 동향, 유전자 연구 관련 자료를 볼 수 있다.

휴머니티플러스 www.humanityplus.org
트랜스휴머니즘 운동을 하는 모임이다. 기술과 인간 사회 발전을 추구하는 단
체로 트랜스휴머니즘의 정의와 생각 등을 알 수 있다.

찾아보기

내인생의책은 한 권의 책을 만들 때마다
우리 아이들이 나중에 자라 이 책이 '내 인생의 책'이라고 말할 수 있는 책을 만들고자 합니다.

세상에 대하여 우리가 더 잘 알아야 할 교양

30 맞춤아기 누구의 권리일까? (원제:Designer Babies)

존 블리스 글 | 이현정 옮김 | 오정수 감수

초판 인쇄일 2013년 12월 18일 | 초판 발행일 2013년 12월 24일
펴낸이 조기룡 | 펴낸곳 내인생의책 | 등록번호 제10-2315호
주소 서울시 강서구 가양동 52-7 강서 한강자이타워 A동 306호
전화 (02)335-0449, 335-0445(편집) | 팩스 (02)6499-1165
전자우편 bookinmylife@naver.com | 카페 http://cafe.naver.com/thebookinmylife
편집장 이은아 | 책임편집 진송이 | 편집 신인수 조일현 이다겸 이지연
디자인 한은경 최원영 심재원 | 경영지원 김지연 | 마케팅 박영준 이성민

이 책의 한국어판 저작권은 시빌에이전시를 통해
영국 Capstone Global Library 출판사와 독점 계약으로 에 있습니다.
저작권법에 의해 한국 내에서 보호를 받는 저작물이므로 무단전재와 무단복제를 금합니다.

ISBN 978-89-97980-73-4 44300
ISBN 978-89-91813-19-9 44300(세트)

책값은 뒤표지에 있습니다. 잘못된 책은 구입처에서 바꾸어 드립니다.

이 도서의 국립중앙도서관 출판시도서목록(CIP)은 e-CIP 홈페이지(http://www.ml.go.kr/ecip)에서 이용하실 수 있습니다.
(CIP제어번호: 2013027621)

세더잘24

국제 관계
어떻게 이해해야 할까?

상호 협력을 통해 인류의 평화와
번영을 이룩할 수 있다.
VS
국제 협력은 강대국이 자국의 이익을
관철시키려는 허울 좋은 명분에 불과하다.

세더잘23

국가 정보 공개
어디까지 허용해야 할까?

국민은 국가의 정보를
알 권리가 있다.
VS
시민의 생명과 재산을 위해
비밀 유지가 필요할 때도 있다.

세더잘22

줄기세포 꿈의 치료법일까?

줄기세포는 질병 퇴치와
수명 연장의 꿈을 실현해 줄 것이다.
VS
윤리적 논란과 안전성 문제가
해결되지 않는 한 섣부른 기대다.

세더잘21

안락사 허용해야 할까?

안락사는 가면을 뒤집어쓴
살인 행위에 불과하다.
VS
인간은 품위 있는 죽음을
선택할 수 있어야 한다.

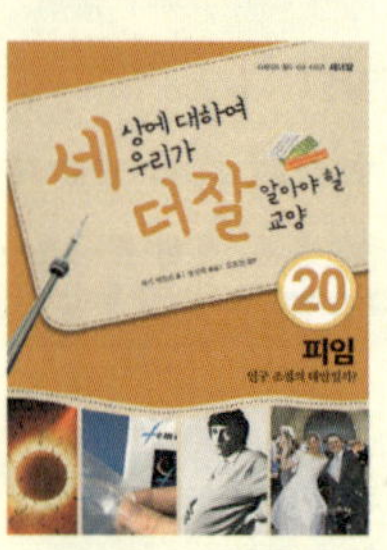

세더잘20

피임 인구 조절의 대안일까?

태아는 태어날 권리가 있다.
VS
피임은 인간다운 삶의 요건이다.

세더잘19

유전 공학 과연 이로울까?

유전 공학 기술의 발전과 활용은
반드시 필요하다.
VS
생물의 기본 구성 요소를 건드리는
것은 위험한 일이다.

세더잘18

낙태 금지해야 할까?

낙태는 개인의 선택에
맡겨야 한다.
VS
국가가 규제하고 제한해야 한다.

세더잘17

프라이버시와 감시
자유냐, 안전이냐?

프라이버시는 인간의 본질적
권리로 모두가 지켜 나가야 한다.
VS
자신의 프라이버시를
얼마큼 보호하느냐는 각자가
선택할 사항이다.

세더잘1
소셜 네트워크
어떻게 바라볼까?

소셜 네트워크는
표현의 자유를 확장할 것이다.
VS
사생활 침해를 증가시킬 것이다.

세더잘15
인권 인간은 어떤 권리를 가질까?

인권은 모든 지역, 모든 사람에게
동등하게 적용되어야 한다
VS
인권의 잣대를 일률적으로
들이대선 안 된다

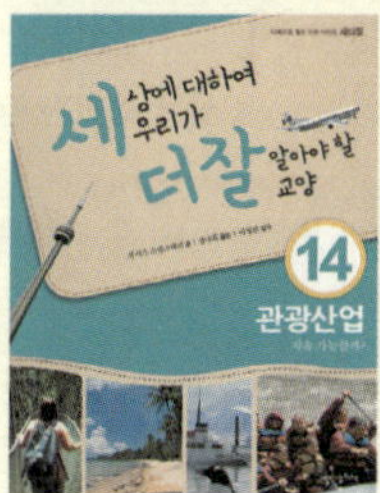

세더잘14
관광산업 지속 가능할까?

관광산업은 일자리를 창출하고,
국가 경제에 큰 도움이 된다.
VS
관광산업은 자연을 훼손하고,
현지인의 전통적 삶의 방식을
파괴한다.

세더잘13
동물실험 왜 논란이 될까?

동물실험은 과학과 의학의 진보를
위해 반드시 필요하다.
VS
동물실험은 무의미하게
생명을 죽이므로 폐지해야 한다.

세더잘12
군사 개입 과연 최선인가?

군사 개입은 인권 보호를
위해 필요하다.
VS
군사 개입은 다른 나라의
주권을 침해할 뿐이다.

세더잘11
사형제도 과연 필요한가?

사형은 국가가 행하는 합법적인
살인이므로 폐지되어야 한다.
VS
사형은 범죄를 억제하는
가장 효과적인 방법이므로
존치시켜야 한다.

세더잘10
성형 수술
외모지상주의의 끝은?

미용 성형 산업을 객관적인
시선으로 바라보도록 도와주어
현대 사회에 대한 근본적인
물음을 던지게 하는 책

세더잘9
자연재해
인간과 자연이 공존하는 길은?

자연재해에 관한
사회 · 과학 통합서
'자연 대 인간'에서
'자연과 인간'으로!

세더잘8

미디어의 힘 견제해야 할까?

미디어는 규제되야 한다.
VS
미디어는 자유로워야 한다.

세더잘7

에너지 위기 어디까지 왔나?

지구 온난화,
전쟁과 테러, 허리케인…
이 모든 것은 에너지 위기에서
비롯되었다!

세더잘6

자본주의 왜 변할까?

지금의 경제위기는 현행 자본주의
체제로 극복할 수 있다.
VS
자본주의를 대체할 새로운
경제 체제가 필요하다.

세더잘5

비만 왜 사회 문제가 될까?

비만은 나쁜 식습관이나
운동 부족 등으로 인한 개인의 문제다.
vs
비만은 빈부 격차, 정부 정책과
같은 사회적 원인 때문에 발생한다.

세더잘4

이주 왜 고국을 떠날까?

이주자들은 경제 성장에 기여하며
한 나라의 삶을 풍요롭게 한다.
VS
이주자들은 자국민의 일자리를 빼앗고,
국가의 재원을 고갈시킬 뿐이다.

세더잘3

중국 초강대국이 될까?

세계 경제에 미치는
막대한 파급력으로 보아
중국은 초강대국이 될 것이다.
VS
정치적 상황으로 볼 때 중국은
장기적이고 지속적인 성장을 할 수 없다.

세더잘2

테러 왜 일어날까?

테러는 정치적·사회적 약자의
투쟁 수단이다.
vs
테러는 반인륜적인
범죄일 뿐이다.

세더잘1

공정무역 왜 필요할까?

자유무역을 통해서
무역의 규모를 키워야 한다.
VS
공정무역으로 분배를
제대로 하는 것이 우선이다.

※ 디베이트 월드 이슈 시리즈 세더잘은 계속 출간됩니다.